Médiation obligatoire ou volontaire

Quelles réformes pour quels enjeux ?

Béatrice BLOHORN-BRENNEUR
Myriam BACQUÉ

Médiation obligatoire ou volontaire

Quelles réformes pour quels enjeux ?

État des lieux de la médiation dans le monde
Les outils du numérique au service de la médiation et de la formation
Médiation familiale, médiation des affaires, conflit des entreprises et médiation de la consommation

7e Assises internationales de la médiation judiciaire

Actes du colloque de La Rochelle
7-8 juillet 2017

Avec la participation de Caroline Asfar-Cazenave

Avant-propos de Béatrice Blohorn-Brenneur

Rapport de synthèse de Natalie Fricero

L'Harmattan

Des mêmes auteurs
aux éditions L'Harmattan

Béatrice Blohorn-Brenneur :

- *Stress et souffrance au travail, un juge témoigne,* 2010.
- *Du désamour au divorce – Jugement, conciliation, médiation,* 2013.

GEMME-France :

- *Guide pratique de la médiation et de la conciliation judiciaires*, Éd. GEMME-France–L'Harmattan, 2012.
- *Conciliation et médiation prud'homales,* Éd. GEMME-France –L'Harmattan, 2013.
- *Conciliation et médiation commerciales*, Dir. Béatrice Blohorn-Brenneur, Éd. GEMME-France–L'Harmattan, 2014.
- *Conciliation et médiation devant la juridiction administrative –* Actes du colloque du Conseil d'État du 17 juin 2015, Dir. Béatrice Blohorn-Brenneur et Jacques Biancarelli, Éd. GEMME-France–L'Harmattan, 2015.
- *Les nouveaux enjeux de la médiation administrative, judiciaire et conventionnelle, à distance, environnementale, interculturelle – La certification des médiateurs,* Actes du colloque de Nice 3 et 4 juillet 2015, Dir. Béatrice Blohorn-Brenneur, Éd. GEMME-France–L'Harmattan, 2016.

5-7, rue de l'École-Polytechnique, 75005 Paris
http://www.editions-harmattan.fr
ISBN : 978-2-343-14094-0
EAN : 9782343140940

GROUPEMENT EUROPÉEN DES MAGISTRATS POUR LA MÉDIATION (GEMME)

GEMME a été créé le 19 décembre 2003, sous la présidence de Guy Canivet, alors premier président de la Cour de cassation française.

Interlocuteur auprès des institutions européennes, GEMME a le statut d'observateur auprès du Conseil de l'Europe.

GEMME a pour vocation d'être présent dans les pays de l'Union européenne et de l'AELE.

GEMME regroupe juges de carrière et du parquet et juges élus, en matière civile, commerciale, prud'homale, pénale et administrative. Des « membres associés » peuvent être admis : avocats, universitaires, médiateurs…

Les membres sont regroupés en sections nationales.

GEMME œuvre pour le développement et la qualité de la médiation et de la conciliation (colloques, inventaires et sélection des bonnes pratiques, échanges d'expériences, formation). Il organise tous les ans les assises internationales de la médiation. Les septièmes assises qui se sont tenues à La Rochelle font l'objet du présent ouvrage.

Siège social :
Cour de Cassation
5 quai de l'Horloge, 75001 Paris
www.gemme.eu

Avertissement au lecteur

Cet ouvrage s'appuie sur les principales communications, allocutions et débats du colloque qui s'est déroulé les 6 et 7 juillet 2017, à la faculté de droit de La Rochelle.

Les informations qui y figurent ne reflètent pas nécessairement la position officielle de GEMME qui décline toute responsabilité vis-à-vis des informations ou données auxquelles il est fait référence.

AVANT-PROPOS

Médiation obligatoire ou médiation facultative

Béatrice Blohorn-Brenneur, *présidente de chambre honoraire à la Cour d'appel de Lyon, ancienne médiatrice du Conseil de l'Europe, présidente de GEMME, de GEMME-France et de CIMJ*

Il est communément admis que le rôle du juge est de trancher les conflits, de dire le droit ou d'appliquer la loi. À l'entrée de l'immeuble de l'ENM, à Bordeaux, on peut lire sur une affiche qui semble résumer à elle seule l'essence de ce beau métier : « Devenir magistrat concours 2017 – Je ferai respecter le droit ». C'est même l'énoncé de l'article 12 du Code civil : « le juge tranche le conflit conformément aux règles de droit qui lui sont applicables ».

Pourtant l'article 21 du Code de procédure civile énonce qu'il entre dans la mission du juge de concilier les parties. Plus récemment, les articles 56 et 58 du Code de procédure civile, dans leur rédaction issue du décret n° 2015-282 du 11 mars 2015, imposent aux parties de justifier dans l'acte introductif d'instance de leurs « diligences aux fins de tentative de règlement amiable du différend » et l'article 4 de la loi n° 2016-1547 du 18 novembre 2016 de modernisation de la justice (loi J21) exige des parties, sous peine d'irrecevabilité que le juge peut prononcer d'office, qu'elles fassent précéder la saisine du tribunal d'instance d'une tentative de règlement amiable menée par un conciliateur de justice, pour les litiges de moins de 4 000 €.

Ainsi, le législateur incite à ne recourir à la loi que lorsque d'autres modes de règlement des conflits ont échoué.

Ces dispositions se comprennent si l'on considère que la finalité suprême de l'institution judiciaire est d'assurer la paix sociale. **Comment** le juge peut-il remplir pleinement cette mission de pacification des conflits ? En disant le droit, en appliquant la loi, en tranchant les litiges, en ordonnant des médiations, en désignant un conciliateur de justice, en conciliant lui-même les parties ou en favorisant tout mode de règlement amiable des différends.

On réalise alors que **trancher les litiges conformément à la loi applicable n'est qu'un outil, qu'un moyen mis au service du juge** pour qu'il accomplisse sa mission. Ce n'en est pas le but. La réponse à la question « **Pourquoi** le juge tranche-t-il les conflits ? » nous révèle l'essence même de son rôle. Le juge ne tranche pas les litiges pour trancher les litiges, ce qui n'aurait aucun sens, pas plus qu'il ne les tranche pour appliquer la loi. L'institution judiciaire obéit à un but supérieur et cette finalité suprême est **la paix sociale**.

Cette considération dépasse aujourd'hui les institutions nationales. Sur le plan politique, on constate que les Nations Unies ont constitué un corps de médiateurs internationaux et que des chefs d'État proposent de recourir à la médiation au niveau international comme moyen pour contribuer à une paix que les Conventions, les Traités et les Lois internationales sont insuffisants à faire régner. L'Europe a connu des guerres meurtrières. Au siècle dernier, elles se répétaient environ tous les 30 ans malgré la signature des Traités de paix. Faut-il rappeler les guerres de 1870, 1914 ou 1940, toutes plus meurtrières les unes que les autres ? Et voici que grâce à l'avènement de l'Europe et au dialogue renoué, les peuples européens maintiennent entre eux des relations harmonieuses depuis près de 80 ans. La voie de la diplomatie internationale a réussi là où les rapports de forces avaient échoué.

En Justice, c'est une véritable guerre que se livrent les parties. Il s'agit de « vaincre l'adversaire » que l'on a « attaqué » en Justice pour qu'il soit « condamné ». Comment, dans un tel climat d'agressivité, le juge pourrait-il arriver à ramener la paix entre les belligérants ? Il le fait certes en tranchant les litiges, en faisant respecter l'ordre public préétabli et en appliquant la loi. Mais pas toujours avec ces seuls moyens. Lorsque le différend est de nature purement privée, qu'il relève du malentendu et du non-dit, pourquoi les parties ne pourraient-elles pas trouver elles-mêmes leur solution, sans recourir au juge, par l'écoute mutuelle et la recherche des intérêts réciproques ? Bref, contribuer à la paix sociale, en préparant la paix, et non plus seulement en arbitrant la guerre.

Mais comment faire lorsque l'on ne se parle plus et que l'on n'a plus aucune confiance envers l'autre ? C'est alors que l'arrivée d'une tierce personne peut être le moyen de restaurer le dialogue. La médiation devient un deuxième outil que le législateur donne au juge pour qu'avec la loi il puisse contribuer à la paix sociale.

Si la médiation, introduite dans notre législation depuis 1995, peine à s'implanter (seulement 1 % de médiations judiciaires ordonnées par les tribunaux plus de 20 ans après l'avènement de la loi), c'est qu'elle se heurte aux mentalités : le justiciable veut que justice lui soit rendue, le juge veut sanctionner le coupable et protéger le faible et l'avocat aspire à monter un dossier juridiquement inattaquable pour faire « gagner » son client.

L'habitude a eu raison de l'esprit critique et d'innovation du monde judiciaire. La Justice séculaire est figée dans sa manière de résoudre les litiges. Toutes les professions qui vivent du conflit des autres craignent pour leur devenir. Pour dynamiser la médiation, pour « triompher de la justice morte », pour reprendre l'expression de Guy Canivet dans la préface du livre Stress et souffrance au travail il faut transformer les mentalités, vaincre les peurs, et s'ouvrir aux idées nouvelles.

Pour y arriver, certains pensent que les pouvoirs publics devraient rendre la mesure obligatoire. Ils citent l'exemple italien où les débuts d'un processus de médiation obligatoire dans certaines matières semblent prometteurs.

D'autres adoptent la thèse opposée et estiment que l'essence même de la médiation est d'être volontairement acceptée.

Médiation volontaire ou médiation obligatoire, sera le thème des travaux de ces 7es assises internationales de la médiation judiciaire qui nous amèneront à nous poser la question : quelles réformes pour quels enjeux ? Notre réflexion s'articulera autour de 5 tables rondes :

- I - État des lieux de la médiation dans le monde
- II - Les outils du numérique au service de la médiation et de la formation des médiateurs : est-il possible de désincarner la médiation et la formation des médiateurs ?
- III - La médiation doit-elle devenir obligatoire ?
- IV - La médiation familiale, un terreau fertile pour la médiation obligatoire ?
- V - La médiation, un espace incontournable pour prévenir et résoudre les conflits des entreprises ?

PREMIÈRE TABLE RONDE

État des lieux de la médiation dans le monde

Mme Caroline Asfar-Cazenave, *maître de conférences de droit privé et sciences criminelles, membre du Centre d'études juridiques et politiques, Université de La Rochelle*

La médiation en France

1. Les pratiques de résolution amiable des différends sont entendues comme des processus de pacification et de régulation des conflits sans recours au juge[1]. Les modes amiables de règlement des différends (MARD) se sont surtout développés en France à la fin des années 1970. Le décret n° 78-381 du 20 mars 1978 a tout d'abord défini et organisé la mission des conciliateurs, créés dans le périmètre des tribunaux d'instance. Le législateur est intervenu ensuite à plusieurs reprises, à compter des années 1990, soit d'initiative, soit dans le cadre de transposition de directives européennes pour organiser la médiation judiciaire[2]. D'initiative, avec la loi n° 95-125 du 8 février 1995 relative à l'organisation des juridictions et à la procédure civile, pénale et administrative et le décret n° 96-652 du 22 juillet 1996 pour introduire dans le CPC la médiation et la conciliation

---

[1] Aux termes de l'article 21 de la loi n° 95-125 du 8 février 1995 relative à l'organisation des juridictions et à la procédure civile, pénale et administrative modifiée par l'ordonnance n° 2011-1540 du 16 novembre 2011, la médiation judiciaire se définit comme « tout processus structuré, qu'elle qu'en soit la dénomination, par lequel deux ou plusieurs parties tentent de parvenir à un accord en vue de la résolution amiable de leur différend avec l'aide d'un tiers, le médiateur, choisi par elle ou désigné, avec leur accord, par le juge saisi du litige ».

[2] L'essor de la médiation est également dû à l'influence des pratiques judiciaires développées outre-Atlantique, connues sous le terme d'ADR (Alternatif Dispute Resolution).

judiciaires[1]. Sous l'influence de l'Union européenne, la médiation et la conciliation conventionnelles dites extrajudiciaires sont introduites en droit français par l'ordonnance n° 2011-1540 du 16 novembre 2011 transposant la directive 2008/52/CE du Parlement européen et du Conseil du 21 mai 2008 sur certains aspects de la médiation en matière civile et commerciale. Le décret n° 2012-66 du 20 janvier 2012, pris en application de cette ordonnance, crée dans le CPC un livre V relatif à un corpus de règles intitulé « La résolution amiable des différends », officialisant un autre référentiel de résolution des conflits aux côtés du procès traditionnel[2].

2. Une autre étape importante est marquée par le décret n° 2015-282 du 11 mars 2015 relatif à la simplification de la procédure civile, à la communication électronique et à la résolution amiable des différends qui vise à favoriser le recours aux modes amiables de règlement des différends en obligeant, sauf justification d'un motif légitime[3], les parties à indiquer dans l'acte de saisine de la juridiction les démarches de résolution amiable précédemment entreprises[4].

---

[1] Pour la conciliation, voir les articles 21, 128 à 131 et 830 à 836 du CPC. Pour la médiation, voir les articles 131-1 à 131-15 du CPC. Le dispositif pris en matière de médiation et de conciliation conventionnelles est complété par la loi n° 2010-1609 du 22 décembre 2010, dite « Béteille », relative à l'exécution des décisions de justice, aux conditions d'exercice de certaines professions réglementées et aux experts judiciaires créant les articles 2062 à 2068 du Code civil sur la convention de procédure participative et, le décret du 20 janvier 2012 dont sont issus les articles 1542 et s. du CPC.

[2] Voir articles 1528 et s. du CPC.

[3] Tenant à l'urgence ou à la matière considérée notamment si l'ordre public est concerné.

[4] Voir les articles 56 et 58 nouveaux du CPC. À défaut d'informations relatives aux diligences effectuées, le juge ne peut que proposer aux

3. En marge de ces textes généraux, le législateur multiplie les textes spéciaux : à l'heure actuelle, il existe, en effet, un paysage très diversifié des MARD à tel point qu'il est impossible d'en dresser une liste exhaustive. Ils ont été intégrés dans toutes les branches du droit avec des spécificités propres à chaque matière[1]. L'ensemble de ces règles démontre un contexte favorable au développement des MARD. Or, depuis 20 ans, les dispositions de la loi de 1995 n'ont pas rencontré le succès souhaité dans les juridictions et la médiation judiciaire s'est assez peu développée faute d'une demande forte des

---

parties une mesure de conciliation ou de médiation (voir art. 127 nouveau CPC en vigueur depuis le 1er avril 2015).

[1] En matière prud'homale, la médiation est possible dans le cadre d'un contentieux opposant un employeur à un salarié. Depuis la loi n° 2015-990 dite Macron du 6 août 2015, la médiation conventionnelle est admise dans le cadre des contentieux prud'homaux, peu importe que le contrat de travail ait ou non un caractère transfrontalier (cf. décret n° 2016-660 du 20 mai 2016, a. R. 1471-1 C. travail). Cette loi abroge également l'article 2064, al. 2 du Code civil pour étendre le domaine de la convention de procédure participative à la procédure devant le conseil des prud'hommes (a. 258-IV). En matière familiale, la médiation a fait l'objet d'une réglementation et d'un encadrement spécifique (voir art. 255 et 373-2-10 C. civ.). Un dispositif expérimental a été instauré devant les TGI d'Arras et de Bordeaux par l'article 15 de la loi du 13 décembre 2011 visant à instaurer la double convocation et la tentative de médiation familiale préalable obligatoire imposée aux parents avant la saisine du juge aux affaires familiales en cas de demande de modification des modalités de l'exercice de l'autorité parentale, de la contribution à l'entretien et à l'éducation de l'enfant mineur ou des stipulations contenues dans la convention homologuée et ce, à peine d'irrecevabilité de la requête, sauf dans certaines hypothèses. La médiation judiciaire devient également un instrument complémentaire à l'action de groupe en matière de consommation (art. L623-22 et L623-23 du Code de la consommation). La médiation pénale est aussi introduite dans le Code de procédure pénale (art. 41-1).

acteurs du procès judiciaire. Ce constat est étonnant au regard des conclusions d'une étude du Parlement européen qui démontre que les MARD se développent principalement dans les États dans lesquels la justice est lente ou lorsque l'accès au juge représente un coût important[1]. Certaines juridictions ont pu cependant développer dans différentes catégories de contentieux des expérimentations en matière de médiation. Mais sans coordination locale ou nationale, ces initiatives restent peu lisibles et ne relèvent pas d'une politique publique cohérente. L'absence de confiance des acteurs du procès dans les qualités et les compétences du médiateur explique en outre le faible développement des MARD[2].

4. Aujourd'hui, le recours aux MARD s'effectue principalement dans un cadre conventionnel relevant d'ailleurs souvent d'une gestion optimisée du contentieux par les entreprises[3]. Que ce soit dans des domaines publics ou privés, des médiateurs sectoriels ont été mis en place exerçant leur mission

---

[1] En France, il y a 10 magistrats professionnels pour 100 000 personnes ce qui est deux fois moins que la moyenne des autres pays européens. Aussi il faut en moyenne 300 jours pour juger en première instance, contre 133 jours en Suède et 91 aux Pays-Bas.

[2] C'est notamment la question de la déontologie et de l'éthique du médiateur.

[3] Voir rapport Fidal et American Arbitration Association, *Vers un management optimisé des litiges – Améliorer les résultats économiques et non économiques de l'entreprise par une gestion avisée des conflits*, 2009. Rappelons aussi que depuis la réforme du droit des obligations, les clauses relatives au règlement des différends insérées dans les contrats bénéficient d'un principe de validité puisqu'elles ne sont pas affectées par la résolution du contrat principal qui les contient (voir art. 1230 du Code civil).

sous des statuts variés[1]. Les professions réglementées s'y sont également intéressées[2]. L'article L. 612-1 du Code de la consommation consacre par ailleurs le droit pour tout consommateur de recourir gratuitement à un médiateur de la consommation en vue de la résolution amiable d'un litige qui l'oppose à un professionnel, et ce sous peine de sanction administrative (C. consom., art. L. 1641-1)[3]. Dans les entreprises privées, des structures de médiation internes se sont ainsi développées pour régler les litiges avec leurs clients ou les litiges internes à l'entreprise. Mais moins de 10 % de ces processus répondent à la définition de la médiation telle que définie à l'article 1530 du CPC dans la mesure où il s'agit de traiter des réclamations d'usagers ou de processus conduits par des commissions qui donnent un avis à des administrations. Et c'est sans compter la confusion qui existe entre la médiation et les

---

[1] Voir par exemple, le médiateur de la ville, le médiateur des ministères économiques et financiers, de l'Éducation nationale, des marchés publics ou de l'assurance.

[2] Comme les huissiers, les notaires ou les avocats. Voir aussi l'art. L631-28 du Code rural qui impose une médiation préalable à toute saisine du juge en matière de litige relatif à la vente de produits agricoles ou alimentaires.

[3] Voir l'ordonnance n° 2015-1033 du 20 août 2015 relative au règlement extrajudiciaire des litiges de consommation et le décret n° 2015-1382 du 30 octobre 2015 relatif à la médiation des litiges de la consommation portant transposition en droit français de la directive du 21 mai 2013 sur le règlement extrajudiciaire des litiges de consommation (RELC). Le texte généralise la médiation dans tous les secteurs de la consommation y compris la vente en ligne, mais cette dernière est également soumise aux dispositions du règlement n° 524/UE adopté le 21 mai 2013 sur le règlement en ligne des litiges de consommation (RLLC).

institutions voisines[1]. Ces éléments ne favorisent pas l'essor de la médiation.

5. Au regard de ce constat, quelles sont les perspectives d'avenir ? Le développement des MARD est l'une des priorités affichées de la loi n° 2016-1547 du 18 novembre 2016 dite « J21 » dans le cadre d'une politique publique nationale de la conciliation et de la médiation. Cette ambition de promouvoir les MARD est explicitement énoncée au Titre II de la loi intitulé « Favoriser le développement des modes alternatifs de règlement des différends »[2]. Le législateur vise ici tous les modes alternatifs de règlement des différends en allant au-delà des seules procédures amiables y incluant tant la transaction[3], la procédure participative[4] que l'arbitrage[5].
6. Sauf exception, la conciliation doit dorénavant faire l'objet d'un préalable obligatoire pour les petits litiges du quotidien de montants inférieurs à 4 000 €, du moins lorsqu'on procède par déclaration au greffe, et ce, sous peine d'irrecevabilité de la

---

[1] Comme, par exemple, la conciliation, l'arbitrage ou la transaction.

[2] Dans le cadre des réflexions sur la justice du XXIe siècle, de nombreux rapports ont été remis au ministre de la Justice, dont le point commun est d'insister sur l'encouragement des MARD et spécialement de la médiation. Voir Rapport de l'Institut des hautes études de la justice, consacré à l'office du juge au XXIe siècle (2013) ; Rapport Delmas-Guyon, consacré au juge du XXIe s. (2013) ; Rapport Marshall (2013) ; Rapport Justin et Gargoullaud consacré à la médiation familiale (2014).

[3] Voir les articles 2044 et 2052 du Code civil.

[4] L'article 9 de la loi modifie les articles 2062, 2063, 2065 et 2066 du Code civil relatifs à la convention de procédure participative pour autoriser la conclusion d'une telle convention même si le juge est déjà saisi du litige, ce qui n'était pas le cas jusqu'à maintenant.

[5] Le champ d'application de la clause compromissoire est entendu (C. civ., art. 2061).

demande que le juge peut relever d'office[1]. L'article 5 de la loi institue une médiation préalable en matière administrative en insérant deux nouveaux chapitres dans le Code de justice administrative[2]. La médiation est également prévue dans le cadre de l'action de groupe que la nouvelle loi élargit à d'autres litiges que ceux de la consommation et qui peut être mise en place tant devant le juge judiciaire[3] que le juge administratif[4] pour obtenir la réparation

---

[1] Voir l'art. 4 de la loi. La sanction s'inspire de la jurisprudence rendue en matière de clause de conciliation préalable obligatoire retenant la saisine du juge irrecevable si la clause n'est pas respectée : Cass. ch. mixte, 14 février 2003, n° 00-19.423, n° 00-19-424, *Bull. civ.* Ch. mixte, n° 1 ; Cass. ch. mixte, 12 déc. 2014, n° 13-19.684, *Bull. civ.* Ch. mixte, n° 3. Voir également en ce sens, mais à propos d'un préalable de conciliation obligatoire non prévu par une stipulation contractuelle, Cass. 1re civ., 1re, 29 mars 2017, n° 16-16.585, *DA*. 2017, note M. Kebir. Cette solution n'est pas en phase avec celle issue de l'article L. 612-4 du Code de la consommation qui répute abusives les clauses de règlement amiable imposées au consommateur. Pour une solution opposée, voir Cass. 1re civ., 11 janvier 2017, n° 15-28.301, *RGDA* 2017, p. 249, où la Cour retient qu'aucune clause « ne peut avoir pour effet d'altérer, d'une quelconque manière, le contenu ou la portée » de la norme édictée. Voir aussi dans le même esprit, Cass. 3e civ., 18 décembre 2013, n° 12-18.439.

[2] Voir CJA, art. L114- ; art. L213-1 et s. Les règles de la médiation administrative s'alignent pour l'essentiel sur celles de la médiation judiciaire ce qui permet de ratifier en totalité l'ordonnance du 16 novembre 2011 portant transposition de la directive 2008/52/CE du Parlement européen et du Conseil du 21 mai 2008 sur certains aspects de la médiation en matière civile et commerciale. Si la médiation échoue, les informations recueillies ne pourront être invoquées dans une instance postérieure juridictionnelle et même arbitrale (CJA, art. L213-2 à comparer avec art. 21-3, al. 2 de la loi n° 95-125 du 8 février 1995 sur la médiation judiciaire).

[3] L. n° 2016-1547, art. 75 et 76.

[4] L. n° 2016-1547, art. 85 créant les articles L. 77-10-16 et L. 77-10-17 du CJA.

des préjudices individuels[1]. La loi renouvelle les expérimentations de médiation préalable obligatoire en matière familiale jusqu'à fin 2019 devant 11 juridictions[2] et systématise à titre expérimental et pour une durée de quatre années, une médiation préalable obligatoire dans le cadre de divers recours contentieux formés par certains agents publics[3]. L'article 8 de la loi ajoute une disposition à la loi de 1995 afin d'établir « pour l'information des juges, une liste de médiateurs dressée par chaque Cour d'appel dans des conditions fixées par un décret en Conseil d'État »[4]. Enfin, aux termes de l'article 1er de la loi modifiant l'article 54 de la loi n° 91-647 sur l'aide juridique, les conseils départementaux de l'accès au droit ont désormais l'obligation de « participer à la mise en œuvre d'une politique locale de résolution amiable des différends »[5].

7. Cette démultiplication du recours aux MARD contribuera-t-elle à rendre la médiation plus attractive qu'un procès ? Dans le cadre de la réforme de la justice du XXIe siècle, l'Inspection générale des services judiciaires, qui s'était vue confier une mission d'évaluation des MARD, a mené des

---

[1] Des nouveaux secteurs sont prévus : discriminations, environnement et traitements des données personnelles numériques.

[2] L. n° 2016-1547, art. 7.

[3] C'est au pouvoir réglementaire qu'il reviendra de déterminer quels sont les agents qui seront concernés par cette médiation obligatoire

[4] Voir article 22-1 A. Cette liste sera garante de la qualification et de la certification des médiateurs qui deviennent ainsi des collaborateurs occasionnels du service public de la justice.

[5] Les articles 55 et 69-7 de la loi de 1991 sont modifiés pour permettre aux associations œuvrant dans le domaine de la conciliation ou de la médiation de participer à ces conseils départementaux. Voir aussi le décret n° 2016-1876 du 27 décembre 2016 qui favorise le recours aux modes amiables grâce à l'octroi d'une aide juridique.

investigations qui ont toutes conclu à écarter le recours obligatoire aux MARD avant la saisine du juge. Pour remédier au défaut d'essor des règlements amiables, la mission mentionne 36 propositions qui sont toutes des pistes d'évolution pour rendre plus attractif le recours aux MARD dont celle d'étendre la possibilité pour le juge d'enjoindre aux parties à se rendre à un entretien sur la médiation[1]. D'expérience il est, en effet, vérifié que la pratique de la médiation n'existe que dans les juridictions où le juge ne se contente pas de la simple information et décide de la proposer avec toute l'autorité que lui confèrent ses fonctions[2]. Cette mesure pourrait s'accompagner de sanction financière.

8. Quoi qu'il en soit, la médiation et plus largement les MARD posent la question de la place du droit dans notre société et le sens de l'office du juge. Une des raisons pour lesquelles les parties préfèrent un procès plutôt qu'un règlement amiable tient à la manière dont est conçu en France l'accès au juge : un accès simple et peu coûteux qui peut dissuader les parties de recourir aux MARD. La loi « Justice du XXIe siècle » consacre une approche rénovée de la justice, une déjudiciarisation. Les processus amiables associent étroitement les parties à la solution de leur différend les laissant trouver par elles-mêmes un accord global qui dépasse le strict cadre du litige porté devant le juge. Il s'agit autrement dit de redonner force à des solutions plus

[1] Voir la proposition n° 36.

[2] Ce pouvoir repose sur sa mission générale de concilier les parties (art. 21 CPC), ce qui contribuerait à l'intégration des médiateurs dans la vie de la juridiction. Il serait aussi intéressant de créer des référentiels quantitatifs reflétant fidèlement la pratique des juridictions en fonction des critères habituels de jugement.

horizontales, moins verticales inspirées de l'idée de contrat, d'une justice plus douce, de *soft law* dans laquelle le citoyen produit des normes auxquelles il se soumet. Ce changement de paradigme qui consiste à privilégier le critère de la négociation sur celui de la confrontation entraîne une contractualisation du contentieux ce qui participe du reste d'un climat plus global marqué de toute évidence par le passage d'un ordre juridique imposé à un ordre juridique négocié[1]. La montée en puissance des MARD n'est qu'une illustration de ce phénomène.

[1] L'expression est empruntée à Loic Cadiet.

Mme Bintou Boli, *secrétaire permanente du Centre d'Arbitrage de Médiation et de Conciliation du Burkina Faso (CAMC-O), ancien magistrat à la Cour suprême et présidente de l'ACAM – Association des Centres africains d'arbitrage et de médiation*

La médiation en Afrique

Introduction

Connue sous le vocable « arbre à palabre », la médiation est dans la culture africaine et a une origine multiséculaire. L'objectif principal de ce mode de règlement des litiges était de restaurer l'équilibre social, garantir la paix et la cohésion entre les communautés.

En Afrique francophone, la médiation a connu un regain d'intérêt, notamment dans les milieux d'affaires avec l'avènement de l'Organisation pour l'Harmonisation en Afrique du Droit des Affaires (OHADA).

I. Regard sur la médiation en Afrique francophone

Les institutions permanentes d'arbitrage après l'avènement de l'OHADA ont permis de connaître la médiation dans sa forme actuelle. En effet, toutes ces institutions d'arbitrage se sont toutes intéressées à la médiation bien qu'elle ait été prise dans le dispositif normatif de l'OHADA. Cette dynamique a eu le bénéfice de révéler la médiation conventionnelle qui peut être mise en œuvre de façon ad hoc ou institutionnelle d'institutionnaliser la médiation et promouvoir sa pratique, de permettre aux avocats, juristes de banques et toutes les catégories socioprofessionnelles de découvrir la médiation, de s'y intéresser et d'offrir des opportunités de formation en médiation. Grâce aux actions de formation et de sensibilisation menées par les institutions permanentes de médiation telles que le CAMC-O, on a assisté aussi au **développement d'autres types de médiation** telles la médiation judiciaire, la médiation politique et la médiation familiale. On note, par ailleurs, la prise en compte de la médiation dans les cursus des universités et grandes écoles.

II. Cadre légal et réglementaire de la médiation en Afrique francophone

Le cadre législatif et réglementaire de la médiation en Afrique francophone peut être apprécié suivant le contexte d'avant et d'après l'avènement de l'OHADA.

Avant l'avènement de l'OHADA, les principales sources de la médiation civile et commerciale étaient contenues dans les Codes civils 1804 des pays francophones, toujours en vigueur, les Codes de procédure civile, les Codes de travail et les codes des personnes et de la famille.

Avec l'avènement de l'OHADA, outre les textes précités, on peut relever les règlements de médiation des Centres, les différents codes d'éthique et de déontologie des médiateurs et des lois spécifiques sur la médiation civile et commerciale prises par certains États. Il s'agit :

- Du Burkina Faso avec la Loi n° 052-2012/AN portant médiation civile et commerciale au Burkina Faso adoptée le 17 décembre 2012. Une grande innovation est la possibilité d'homologation du protocole d'accord de médiation par-devant le notaire.
- De la Côte d'Ivoire avec la Loi n° 2014-389 du 20 juin 2014 relative à la médiation judiciaire et conventionnelle. Cette loi a le grand mérite de régir

aussi bien la médiation judiciaire que celle conventionnelle. Une autre innovation de cette loi réside en établissement d'un PV de médiation pour encadrer les modalités de la mission du médiateur, semblable à l'acte de mission dans le cadre de la procédure d'arbitrage.

- Du Sénégal avec un décret n° 2014-1653 relatif à la médiation et à la conciliation. Ce texte a un champ d'application assez large et réglemente la médiation et la conciliation conventionnelles et judiciaires. On assiste donc à une véritable réglementation de la fonction de médiateur ou de conciliateur au Sénégal avec l'institution d'un Comité national de Médiation et de Conciliation chargé d'agréer les organes les médiateurs et les conciliateurs, d'agréer les organes de formation des médiateurs et des conciliateurs ainsi que de valider les programmes de formation, d'établir un code de bonne conduite et déterminer les sanctions qui en découlent.

Par ailleurs, dans le cadre de l'OHADA, la réalisation d'une étude portant révision de l'Acte uniforme relatif au droit de l'arbitrage en lien avec la médiation commerciale et le règlement d'arbitrage de la CCJA-OHADA est en cours.

III. Le recours à la médiation : étape obligatoire ou facultative ?

Dans les conventions ou contrats d'affaires, la clause de règlement des litiges fait référence souvent à une phase préalable de règlement amiable. Aussi, la médiation reste un **mode volontaire** de règlement de litige, basée sur la bonne foi des médiés. Cependant, dans bon nombre de pays dont le Burkina Faso, **le recours préalable à la**

médiation-conciliation dans certaines matières est obligatoire avant toute procédure contentieuse. On peut citer les litiges liés à la famille tels le divorce, les marchés publics et les litiges sociaux.

IV. L'expérience CAMC-O en matière de médiation

La promotion de la médiation est adossée à un référentiel de communication (2007) qui s'est mué en PSD en 2013. On note plus des actions prioritaires que les activités de sensibilisation tels les ateliers de groupe et des approches directes, les actions de formation et communication.

Ces actions ont permis au Centre d'avoir des résultats certains.

V. Activités de formation de la médiation en Afrique francophone

En matière de formation, on peut relever en Afrique francophone, quelques structures spécialisées dans la formation des médiateurs : le Centre d'arbitrage, de médiation et de conciliation de Ouagadougou (CAMC-O), spécialisé dans la formation des médiateurs et en médiation civile, commerciale, sociale, conjugale et familiale, foncière, l'Association des centres africains d'arbitrage et de médiation (ACAM), le Centre de recherche et de formation professionnelle en médiation, arbitrage et de négociation (CERFOPMAN) de l'UCAO à Abidjan qui a institué une formation en médiation en Diplôme Universitaire (DU), « Médiation Afrique » avec une formation certifiante en ligne et présentiel des médiateurs d'entreprises qualifiés et certifiés, etc.

CONCLUSION

L'Afrique francophone s'est tardivement intéressée à la médiation moderne (1993 avec l'OHADA). La volonté et l'abnégation des promoteurs et des responsables des institutions de médiation ont permis un développement assez satisfaisant de la pratique de la médiation (insertion de clauses dans les contrats, intérêts des pouvoirs publics, offre de formation...). La médiation en Afrique francophone a de beaux jours devant elle, si les différents acteurs impliqués travaillent à faire de ce mode de règlement des litiges un PRINCIPE et non une EXCEPTION.

Mme Joanna Kalowski, *médiatrice et formatrice en résolution des conflits, communication interculturelle et développement des organisations*

LA MÉDIATION EN AUSTRALIE

Quand on parle de la médiation en Australie, on parle d'un phénomène bien connu. Au début, il y a 30 ans, je suis arrivée à un hôtel où j'allais commencer une formation et là, devant notre salle, j'ai vu un grand placard : « Bienvenu à la formation en MÉDIATION… »

Plus de confusion aujourd'hui, tant la médiation est familière. Elle définit la résolution des conflits dans tous les domaines, même si, il y a 25 ans, on ne la croyait adaptée qu'aux conflits sociaux et familiaux. À cette époque-là, le snobisme empêchait bon nombre d'avocats de la proposer à leurs clients s'il s'agissait d'un différend commercial.

Tout a changé grâce à l'entrée sur la scène de sir Laurence Street, ancien président de la Cour suprême de Nouvelles-Galles du Sud, qui s'est transformé en médiateur et s'est fait le champion et le défenseur de la médiation. Les avocats n'osaient plus y tourner le dos et l'ont vite adoptée – et adaptée.

Depuis 2000, en règle générale, en Australie, les parties sont obligées d'essayer de résoudre un conflit civil avant d'entamer une procédure judiciaire, et le juge peut y insister sans ou avec leur accord. Malgré cela, la majorité des médiations en Australie est volontaire.

Le « Civil Dispute Resolution Act 2011 » exige une déclaration de « genuine steps » – que les parties montrent qu'ils ont essayé de résoudre le différend à l'amiable de façon sincère. Les éléments de cette déclaration se trouvent également dans le Code. On ne peut pas y échapper. Les avocats doivent informer leurs clients de tout cela, et doivent les aider à y obtempérer.

Quand je réfléchis aux changements qui ont eu lieu et la reconnaissance de la médiation, c'est surtout le profond engagement du gouvernement en faveur de la médiation qui est le plus frappant.

Un seul exemple suffit à le montrer :

Il y a quatre ans, suite à un scandale qui est resté le gros titre pendant des semaines, le gouvernement a lancé une enquête sur l'abus sexuel de femmes et d'hommes dans les forces armées, convaincu que ce n'était pas un cas isolé.

Le ministre concerné était pris au dépourvu par la réponse : plus de deux mille cinq cents personnes se sont présentées en moins d'un an. L'enquête avait un seul but : dédommager les plaignants. Mais ce qui a surpris les enquêteurs, c'était que la plupart des plaignants ne voulaient pas d'argent (même s'ils avaient la possibilité d'en recevoir) ni de punir les coupables. Ils voulaient affronter un représentant des forces armées et leur dire combien leur manque de courage, leur manque d'action avaient ajouté à leur souffrance.

J'avais le privilège de choisir et de former le premier groupe de médiateurs/facilitateurs qui ont entamé ce grand projet de justice. J'ai dû aussi former les représentants des forces armées qui allaient se trouver devant un ancien collègue, blessé et toujours souffrant, sans défendre les forces armées, sans expliquer la motivation de la non-action – mais qui tout simplement allaient devoir l'écouter, avec compassion plus qu'avec empathie. Un projet difficile pour eux, pour nous, mais essentiel pour ceux qui souffraient toujours.

L'enquête a permis des réclamations entre 1950 et 2012-13.

Les résultats aussi étaient étonnants : il y avait un changement profond parmi les hommes et les femmes traumatisés depuis si longtemps.

"*Now I can get on with my life*" – Maintenant je peux continuer ma vie.

"*Now the old anger is gone, I can start living my life* " Cette vieille colère s'arrête, et je renouvelle ma vie dès aujourd'hui. "*I want recognition that I was cheated out of my chosen career, that I didn't leave because I couldn't cope in the army.*" Je veux qu'on reconnaisse qu'on m'a fait perdre ma carrière choisie, que je ne suis pas partie parce que je ne pouvais pas surmonter les difficultés [de la vie dans l'armée]…

Et les dédommagements ? Les plaignants ont reçu ce que l'argent n'achète pas : l'estime de soi rétablie, l'expression d'excuses sincères, des changements du dossier personnel, souvent faux pour cacher la vraie situation…

Il y avait même un moment où le chef de l'armée a conféré une médaille à un homme d'une soixantaine d'années qui lui avait dit lors d'une de nos facilitations qu'il ne pouvait pas marcher aux côtés de ses anciens compagnons parce qu'il n'avait pas le droit, n'ayant pas gagné de médaille. Le chef à l'époque, lieutenant général David Morrison, a pu l'organiser parce que chaque plaignant pouvait s'exprimer sur le rétablissement de son dossier : fréquemment cela menait à une deuxième rencontre entre les deux.

« Levez-vous, a-t-il dit, à l'improviste. Je vous accorde aujourd'hui la médaille que vous méritez depuis 25 ans. »

Si jamais nous avions des doutes sur l'efficacité et l'importance de la médiation, soyons rassurés qu'ils surgissent du rôle central de l'écoute, de la reconnaissance et du rétablissement de rapports sociaux, personnels et symboliques. Ses résultats sont souvent profonds et durables – et souvent pas mesurables, ni par nous, ni par les parties.

Maître Xiao-Lin Fu-Bourgne, *avocat au Barreau de Paris*

La médiation en Chine

Traditionnellement, la médiation comme mode de règlement des litiges est acceptée volontairement par le peuple chinois qui considère naturellement l'harmonie comme une valeur suprême de la société. Le développement économique du pays et l'évolution de son droit ont fait apparaître des « vagues déferlantes » de litiges de tout genre. Désormais, « traîner l'autre devant le tribunal » n'est plus une honte ; les tribunaux sont submergés et la Chine manque de juges professionnels.

C'est ainsi qu'à la médiation populaire qui est à l'origine de la médiation sont apparues en Chine la médiation institutionnelle, la médiation judiciaire, la médiation administrative et, plus récemment, la médiation par les avocats.

Pour répondre à la question « La médiation judiciaire est-elle obligatoire en Chine ? », il faut s'entendre d'abord sur ce que l'on désigne par médiation obligatoire. La doctrine reconnaît une médiation obligatoire lorsqu'un texte la prescrit, ou bien, lorsque le juge ou le tribunal l'ordonne. Dans ces cas, l'accord des parties à la médiation n'est plus un préalable indispensable au déclenchement du mécanisme de la médiation. Autrement dit, quand la médiation est obligatoire, les parties au litige doivent se soumettre à la médiation et leur volonté ne compte plus, elles ne sont plus libres de l'accepter ou de la refuser.

Nous examinons successivement au niveau des textes (I) et ensuite, dans la pratique judiciaire (II) pour répondre à cette question.

I. Au niveau des textes

Les textes de loi ou des avis de la Cour suprême prévoient tous le principe de l'accord des parties pour qu'une médiation puisse valablement intervenir ; une médiation menée contrairement à la volonté des parties est donc considérée comme contraire au droit.

Ces textes sont multiples : la loi sur la procédure civile, la loi sur la médiation, les avis de la Cour suprême relatifs à la médiation et les règlements publiés par des centres de médiation reconnaissent ce principe sans aucune ambiguïté. Selon ces textes, il n'y a pas de médiation sans la volonté des parties.

Cependant, plus récemment, des dispositions ont été insérées dans la loi sur la procédure civile lors de sa réforme en 2012 : sans le qualifier clairement en tant que médiation obligatoire, l'article 122 de cette loi relatif à la médiation préalable à la procédure judiciaire dispose ainsi : les parties qui ont l'intention de soumettre leur litige au tribunal **doivent,** au préalable, tenter de résoudre leur litige par la médiation. Les parties qui ont l'intention de saisir le tribunal n'ont donc pas le pouvoir de décider si elles font appel ou non à la médiation pour le règlement de leur litige.

Nous rappelons que la médiation par le juge a été reconnue par la loi sur la procédure civile, depuis 1991. Le tribunal, une fois saisi, peut procéder à la médiation ; et si la médiation échoue, le même tribunal doit reprendre l'affaire et statuer sans plus attendre. Malgré les critiques sur cette pratique, la réforme de 2012 n'a apporté aucune modification sur ce point.

Le même texte prévoit que, pendant la procédure judiciaire, les juges **peuvent**, lors de l'examen du dossier et avant de statuer, demander aux parties de recourir à la médiation pour le règlement de leur litige. Mais le texte de la Cour suprême du 1er novembre 2004 prévoit : lorsque les faits sont identifiés, le tribunal **doit** procéder à la médiation.

Par ailleurs, la loi sur la médiation populaire entrée en vigueur le 1er janvier 2011 dispose que ce sont les bureaux qui donnent la direction pour la pratique de la médiation et les tribunaux locaux ont reçu ainsi la mission de formation pour les comités de médiation.

II. Dans la pratique judiciaire

La médiation fait partie de la mission du juge ; et la pratique de la médiation avant la saisine du tribunal et pendant procédure judiciaire devient une règle de procédure écrite après les lois de 2011 et 2012.

Avant l'ouverture du dossier par le tribunal, la médiation peut se faire par les bureaux de médiation installés dans les locaux du tribunal.

Leur rôle est d'informer les parties qu'elles ont intérêt à recourir à la médiation qui est une façon plus avantageuse pour elles de résoudre leur litige avant de faire appel au juge.

Ces bureaux peuvent être gérés soit par le tribunal lui-même, soit par les centres de médiation en collaboration avec le tribunal.

Cette pratique de venir à la rencontre des justiciables est née à la suite d'un déclin de la médiation constaté par les centres de médiation.

Les litiges relatifs au droit de la famille, les litiges de voisinage, les litiges touchant les réclamations de dommages et intérêts à la suite des accidents de circulation ; ou encore les litiges relatifs aux pactes d'actionnaires (article 2 du Règlement de la Cour suprême de 2004) peuvent être plus facilement résolus par la médiation.

Pour le règlement de ces litiges et pendant la procédure judiciaire, le juge peut à tout moment inciter les parties à la médiation avant de statuer et homologuer enfin la convention de médiation signée par les parties.

Les juges chinois ont le rôle d'aider l'État à assurer un fonctionnement normal des tribunaux. Le système de notation par l'administration sur les juges représente une pression réelle sur eux : un juge qui ne fait pas de médiation n'est pas un bon juge. Et les parties qui n'acceptent pas la médiation peuvent être sanctionnées par un jugement plus sévère.

On peut donc constater que pour atteindre l'objectif de décharger les tribunaux et remédier au manque de juges, la volonté des parties de recourir à la médiation peut être forcée ; très souvent, il n'y a pas de frontière clairement définie entre les fonctions de médiateur et de juge ; et de façon très pragmatique, les conventions de médiation peuvent être signées par les parties conformément aux projets de convention rédigés par le tribunal. Cela convient sans doute au critère d'efficacité, on ne peut que souhaiter que cette pratique puisse contribuer à assurer le but final qui est la paix sociale.

Honorable juge Suzanne Handman, *médiatrice et juge à la retraite*

LA MÉDIATION AU CANADA ET AU QUÉBEC

Au Canada, l'administration de la justice est de compétence provinciale. Il y a dix provinces dans notre pays et la législation régissant la médiation est différente dans chacune des provinces. Le processus de règlement des conflits n'est donc pas uniforme partout au Canada. Les lois varient non seulement quant aux règles régissant le secteur privé et la médiation judiciaire, mais également quant à la nature facultative ou obligatoire de la médiation.

À titre d'exemple, dans la province de l'Ontario, les parties impliquées dans certains litiges civils sont obligées d'assister à une séance de médiation avant le procès tandis qu'au Québec, la médiation est volontaire. Dans plusieurs provinces, la médiation est présidée par un médiateur privé alors que dans d'autres juridictions, ce sont des juges qui président la médiation. Compte tenu des différences considérables entre les provinces, ma présentation sera limitée à la province de Québec où je demeure et pratique la médiation.

Au Québec, lorsqu'un conflit surgit entre des parties, celles-ci ont initialement le choix, soit de participer à une médiation dans le secteur privé, soit de procéder devant les tribunaux. Si elles choisissent la médiation privée et concluent une entente, leur conflit est réglé. Si elles choisissent d'intenter des procédures judiciaires, notre Code et nos tribunaux les encouragent à régler leur litige grâce à un médiateur.

Il convient de noter que le Québec est la seule juridiction au monde à avoir créé un double système de médiation et de justice décisionnelle pour tous les tribunaux judiciaires et administratifs. La médiation consensuelle, appuyée par les juges qui agissent comme des facilitateurs neutres, est disponible pour tous les justiciables dans tous les tribunaux et dans chaque domaine de droit. Ce service est sans frais.

La médiation fut introduite dans notre Code de procédure civile en 2003. Notre Code fut amendé à nouveau en 2016 afin d'encourager le règlement des conflits et de nombreuses dispositions y furent ajoutées à l'occasion de cette réforme. Bien que la participation à la médiation soit volontaire, le Code stipule que les parties *doivent considérer* le recours aux modes privés de prévention et de règlement de leur différend avant de s'adresser aux tribunaux. Plusieurs dispositions du Code exigent que les parties *considèrent* la médiation même après l'institution d'une action.

La médiation judiciaire, connue chez nous sous le terme « conférence de règlement à l'amiable » n'est pas présidée par un médiateur du secteur privé mais par un juge, qui agit comme médiateur. En effet, notre Code stipule que la charge de présider des conférences de règlement à l'amiable fait partie de la mission de conciliation du juge. Les parties à un litige qui désirent régler leur conflit doivent demander conjointement une conférence de règlement à l'amiable (un CRA). Le juge en chef peut, lui-même, recommander la tenue d'une telle conférence, mais les parties doivent accepter sa recommandation afin que la conférence ait lieu. Le juge qui préside la séance établit le calendrier des rencontres et les règles applicables à la conférence. La conférence a lieu à huis clos, sans frais ni formalités. Tout ce qui est dit, écrit ou fait au cours de la conférence demeure confidentiel. Si un règlement à l'amiable intervient, le juge peut, sur demande, homologuer l'accord, ce qui le rend exécutoire comme tout jugement. Si aucun règlement n'intervient, le juge/médiateur ne peut, par la suite, instruire l'affaire.

L'une des préoccupations relatives aux médiations présidées par un juge est le risque de contrainte de la part du juge, que ce soit volontaire ou non. Or, au Québec, afin de minimiser ce problème, les juges/médiateurs sont formés afin de rechercher l'intérêt des parties plutôt qu'à donner leur opinion sur les mérites du litige.

Bien que la médiation soit facultative, il existe une exception. Dans toute affaire familiale où il surgit un différend relatif à la garde d'un enfant, aux aliments dus à un conjoint ou à un enfant, au patrimoine familial ou au partage des biens des conjoints de fait, l'instruction du litige ne peut avoir lieu à moins que les parties n'aient participé à une séance d'information portant sur la parentalité et la médiation. L'information donnée traite de la nature, des objectifs et du déroulement de la médiation ainsi que du choix du médiateur. Alors que le processus de médiation demeure volontaire, les parties ont l'obligation d'assister à la séance d'information à moins d'en être exemptées, par exemple, dans un cas de violence conjugale.

En résumé, la médiation au Québec fonctionne très bien. Il n'existe pas d'empêchements à son application. Notre législation, nos tribunaux ainsi que la formation offerte par le Barreau encouragent fortement les parties à participer à la médiation et aux conférences de règlement à l'amiable afin de régler leurs conflits.

L'un des sujets qui suscite des débats est le caractère facultatif ou obligatoire de la médiation. La médiation au Québec, bien que fortement encouragée, demeure volontaire. En Ontario, il existe un programme de médiation obligatoire, présidée par un médiateur du secteur privé. Le Barreau de cette province a récemment affirmé la valeur et constaté le succès de ce programme.

Certains maintiennent que des programmes de médiation obligatoire ne forcent pas les parties à régler mais se limitent à exiger qu'elles essaient une telle option et que tout accord qu'elles concluent demeure en effet volontaire. Cependant, compte tenu des modifications récentes à notre Code de procédure civile, il est peu probable que notre système de médiation au Québec sera encore modifié dans un proche avenir.

Personnellement, j'appuie la notion de la médiation volontaire, tel qu'adoptée par le législateur au Québec. Les parties qui désirent régler leur conflit réussissent généralement à le faire. Selon mon expérience, lorsqu'une des parties croit qu'elle a raison et espère être confirmée par la Cour, il y a peu de chances que les parties règlent. Je crois que le résultat serait le même si les parties étaient obligées de participer à la médiation. La meilleure approche serait peut-être celle où la médiation est facultative mais où l'on oblige les parties à se soumettre à une séance d'information sur la médiation. Lorsque les parties ont une connaissance suffisante de la nature de la médiation et de ses avantages, elles seront plus portées à choisir ce processus.

En somme, la médiation fait partie intégrante de notre système judiciaire tant à cause de la législation en vigueur que de la formation offerte aux avocats. J'espère que cette courte présentation vous a permis de comprendre le développement et la pratique de la médiation au Canada et particulièrement au Québec.

Natalia Gaidaenko Schaer, *médiatrice (CCI russe, CSMC), formatrice (Centre de promotion de la médiation et des MARCs [SOMEDIARS]), arbitre (Cour d'arbitrage commercial international auprès de la CCI russe, Centre d'arbitrage auprès de l'Union russe des industriels et des entrepreneurs)*

La médiation en Russie. Médiation obligatoire ou facultative ? Perspectives russes

Introduction

La médiation fut introduite dans le système juridique russe en 2011 par la loi fédérale du 27 juillet 2010 n° 193-FZ « Sur la procédure alternative du règlement des litiges avec la participation du médiateur (loi sur la médiation) ». Jusqu'à présent, la médiation n'a pas connu beaucoup de succès, car la justice en Russie est rapide et pas chère et, contrairement aux pays où les pouvoirs juridictionnels encouragent le développement de la médiation, les tribunaux russes, bien que surchargés, se montrent réticents vis-à-vis de la nouvelle technique de règlement des conflits et des médiateurs. Le tribunal suprême russe ne s'exprime pas à ce sujet. Il est vrai que, dans les régions, certains juges initiés à l'utilisation de la médiation prennent le risque et paient parfois même la formation des médiateurs de leurs propres moyens pour pouvoir collaborer avec eux, mais ce sont des cas exceptionnels. Selon l'information du tribunal suprême russe pour 2015 (les données plus récentes manquent), la médiation était utilisée en 0,4 % des cas ; la médiation en rapport avec les procédures judiciaires était dès lors quasi inexistante. Dans le domaine commercial, le rôle primordial de l'État dans l'économie n'est pas propice à la médiation. L'accord issu d'une médiation extrajudiciaire n'est pas un document exécutoire, et il y a un risque que le fisc traite la convention entre le débiteur et le créancier comme une tentative d'évasion fiscale. Alors que le nombre des conflits dans les domaines économique et social ne cesse d'augmenter, le potentiel de la médiation reste sous-exploité. À notre avis, seules l'introduction de la médiation obligatoire pour certaines espèces de conflits et la formation des juges par rapport à la médiation peuvent contribuer à l'épanouissement de la médiation en Russie. Ci-dessous – un aperçu du cadre législatif et institutionnel de la médiation en Russie, des mesures à prendre et des risques.

CADRE LÉGISLATIF

La loi sur la médiation définit la médiation comme une procédure de règlement des différends avec l'assistance d'un médiateur sur la base du consentement volontaire des parties en vue d'aboutir à une solution mutuellement acceptable. Le champ d'application de la médiation est limité aux litiges du droit civil, commercial, du droit du travail et de la famille. Seule une loi fédérale peut élargir les différends médiaux. La médiation reste contractuelle et ne peut pas être ordonnée par le juge (qui au moins doit informer les parties au litige de l'existence de cette procédure). Les Codes de procédure civile et de procédure devant les tribunaux de commerce (appelés « les tribunaux d'arbitrage étatique ») prévoient la possibilité de surseoir à la procédure pour la durée de la médiation, qui, normalement, ne peut excéder 60 jours. L'accord issu de la médiation encadrée dans une procédure judiciaire peut avoir valeur de transaction à l'amiable. S'il est ratifié par le juge, il a force exécutoire. La procédure étant volontaire, le tribunal ne peut ni ordonner une médiation, ni nommer un médiateur, ni enjoindre aux parties de rencontrer un médiateur. La conciliation judiciaire est prévue en principe par les lois de procédure, mais sans aucune réglementation de détail. Dans la pratique, elle n'a lieu que très rarement.

PROFESSION DU MÉDIATEUR

La loi distingue les médiateurs non professionnels et les médiateurs professionnels. Seuls les médiateurs professionnels sont autorisés à conduire les médiations qui ont lieu après l'introduction de la litispendance. Le médiateur professionnel est une personne capable de discernement, en possession d'un titre d'enseignement supérieur, âgée de 25 ans au moins, avec un casier judiciaire vierge et ayant suivi une formation supplémentaire dans le domaine de la médiation. La loi ne permet pas aux juges à la retraite d'exercer les fonctions de médiateur à titre professionnel. Le titre de médiateur professionnel est protégé, il existe un standard professionnel pour le spécialiste dans le domaine de la médiation « généraliste ». Ce standard est basé sur un programme de formation de 200 heures (autrefois approuvé par un arrêté gouvernemental, mais *de facto* aboli par la nouvelle version de la loi sur l'éducation). Bien que l'Institut fédéral de médiation ait été créé auprès du ministère de l'Éducation et des Sciences pour s'occuper des programmes de formation, à ce jour, les critères de qualification restent incertains. La qualification est largement basée sur la réputation des centres de formation et des formateurs. Il existe cependant la possibilité d'une certification volontaire des médiateurs russophones par le Centre de promotion de la médiation et des MARCs sur la base des programmes de compétence dans le domaine de la médiation et de la médiation interculturelle approuvés par l'Institut international de médiation (IMI). On estime le nombre des médiateurs ayant suivi une formation à

3 000 environ (pour une population de 140 millions), la majorité d'entre eux sont psychologues, travailleurs sociaux, juristes. Seuls 1-2 % exercent la médiation à plein-temps, la majorité le fait à titre auxiliaire ou utilise les compétences acquises dans le cadre des devoirs professionnels.

CONTEXTE INSTITUTIONNEL

Aucune institution n'est chargée de tenir une liste officielle des médiateurs professionnels. Les médiateurs ne sont pas obligés d'adhérer à une association professionnelle. Il n'y a pas d'organisation des médiateurs au niveau fédéral ou régional. Les permanences de médiateurs auprès des tribunaux et des organismes de la sécurité sociale sont rares.

FREINS AU DÉVELOPPEMENT DE LA MÉDIATION

La méditation se heurte aux limitations de son champ d'application, au manque d'information, au manque de médiateurs professionnels dûment qualifiés et au manque de la force exécutoire de l'accord issu de la médiation. La demande pour la médiation commence à se former, surtout dans le domaine social et scolaire, mais le problème du financement du travail des médiateurs n'est pas résolu.

MESURES À PRENDRE

La médiation obligatoire est perçue comme une violation du droit d'accès à la justice. En même temps, vu le nombre croissant des conflits entre particuliers et l'expérience positive d'autres pays, on peut s'attendre à l'introduction d'une obligation de rencontrer préalablement un médiateur dans les litiges entre individus (domaine familial, mineurs, incapacité, travail, crédits de consommation, etc.). Évidemment, cette mesure ne sera utile que si cette rencontre et les 2-3 premières heures de la médiation sont financées par l'État, et les frais de médiation inclus dans l'assistance judiciaire gratuite. Dans le domaine commercial, il est nécessaire de donner à l'accord issu de la médiation contractuelle la force d'un titre exécutoire. Le champ d'application de la médiation doit être élargi au droit administratif (y compris fiscal) et pénal. Les juges à la retraite doivent pouvoir devenir médiateurs professionnels.

DÉMARCHES EFFECTUÉES

Afin de faire de la médiation une bonne habitude, les cours d'initiation à la médiation et de formation en procédures et techniques collaboratives doivent devenir obligatoires pour toutes les professions juridiques. Un bon nombre d'universités a déjà commencé à le faire. La formation des juges dans ce domaine n'est pas systématique. Dans le domaine de la médiation sociale, l'État accorde des subventions aux organismes proposant les programmes de résolution amiable des conflits. Dans le domaine de la médiation commerciale, on peut exprimer un optimisme modéré quant à la participation de la Russie aux travaux du Groupe de travail II (CNUDCI) pour l'élaboration de l'instrument visant à l'exécution des accords commerciaux internationaux issus de la conciliation et l'effet que ces travaux peuvent avoir sur le développement de la législation nationale.

RISQUES

Dans la structure centralisée du pouvoir public, l'ingérence de l'État dans tous les domaines de la vie sociale et la tendance à contrôler toutes les manifestations de l'initiative privée créent le risque d'une centralisation excessive de l'administration des activités des médiateurs, par le biais de l'adhésion obligatoire des médiateurs aux organisations dirigées depuis ou créées par un centre, de l'étatisation de la médiation, de son insertion dans le système vertical du pouvoir et de la transformation des médiateurs professionnels en fonctionnaires, dont l'activité sera contrôlée et réglementée dans tous les détails, ce qui réduirait la valeur de la médiation en tant qu'institut de la société civile.

DEUXIÈME TABLE RONDE

Les outils du numérique au service de la médiation et de la formation des médiateurs : est-il possible de désincarner la médiation et la formation des médiateurs ?

Mme Linda Arcelin, *professeur des Universités, directrice du Master droit de l'entreprise, codirectrice du Master droit du numérique, chargée de mission Transition numérique et droit*

INTRODUCTION

1. Le numérique s'insinue dans tous les pans de notre vie, personnelle comme professionnelle, et soulève bien des questions sociétales (robot moral ?), économique et juridique. Des réflexions sont menées aussi bien au plan national qu'européen, international aussi mais avec moins d'impact sur notre vie.
2. Au plan national, cela fait déjà bien des années que le législateur s'est penché sur la question numérique. Pour ne citer que quelques textes, on pense à celui de la signature électronique à la fin du siècle dernier, à la Loi pour la confiance dans l'économie numérique de 2004 et puis, plus récemment à la loi Macron de 2015 ou à la Loi Lemaire, pour une République numérique de 2016. D'un point de vue institutionnel, et cela est important car cela montre toujours le degré d'engagement étatique sur la question, des instances ont été créées pour répondre aux incertitudes et même parfois anticiper les interrogations liées au numérique : le Conseil national du numérique, créé en 2011, et qui présente des avis et des recommandations sur toute question relative à l'impact du numérique sur la société et sur l'économie, le secrétariat d'État auprès du Premier ministre chargé du numérique, poste assumé par l'ancien président du CNN, Mounir Mahjoubi, la CNIL, et puis des Autorités dont là n'est pas le thème de préoccupation principal mais qui vont l'intégrer dans leur réflexion : l'Autorité de la

concurrence, ou encore les juridictions avec les réflexions de la Cour de cassation sur l'open data ou bien les études du Conseil d'État en 2014 sur le numérique et les droits fondamentaux et celle annoncée pour 2017 qui portera sur les plateformes numériques.

3. Au plan européen, maintenant, l'Europe occupe une place centrale en ce sens qu'elle apparaît comme un moteur et une source d'harmonisation, dans le champ de ses compétences bien sûr. Depuis la fin du siècle dernier, et depuis l'annonce en 2015 de sa stratégie pour un marché unique numérique, la Commission européenne cherche à développer le numérique pour accroître le commerce : *« l'économie numérique peut encourager le développement de marchés et de meilleurs services fournis à des prix plus avantageux. Elle permettra aussi d'élargir les choix disponibles et de créer de nouvelles possibilités d'emploi. Un marché unique numérique peut favoriser la création de nouvelles start-up et permettre aux entreprises existantes de se développer en profitant des débouchés offerts par un marché de plus de 500 millions de personnes ».*
4. Ce qui ressort des différents textes et discours, c'est que cet objectif ne sera atteint que si l'on parvient à instaurer un climat de confiance. Tous les textes s'appuient sur cette idée de confiance qui doit présider à l'achat en ligne. La Directive Commerce électronique de 2000 poursuivait déjà un « objectif de sécurité juridique et de confiance du consommateur »[1]. Le Règlement IDas de 2014 sur l'identification électronique et les services de confiance pour les transactions électroniques, dès

[1] Consid. n° 7.

son premier considérant, observe que *« si les consommateurs [...] n'ont pas confiance, notamment en raison d'un sentiment d'insécurité juridique, ils hésiteront à effectuer des transactions par voie électronique et à adopter de nouveaux services »*[1]. Les communications de la Commission européenne sur le marché unique numérique de 2015 et les plateformes numériques de 2016, ou encore les propositions législatives sur la e-privacy de janvier 2017, par exemple, insistent tout autant sur cette confiance.

5. Une confiance dans les instruments du commerce digital mais également une souplesse : parce que le e-consommateur évolue dans un environnement où tout son parcours est pensé en termes de fluidité, il faut aussi lui offrir des instruments simples dans le processus de contractualisation, et également dans la résolution d'éventuels litiges. La médiation en ligne remplit parfaitement ce rôle.
6. Constatant en 2010, qu'un consommateur sur cinq dans l'Union a eu des problèmes lors d'un achat de biens ou de services, entraînant des pertes financières estimées à 0,4 % du PIB de l'Union et que très peu saisissaient le juge, l'Union européenne a souhaité promouvoir le recours à la médiation. Le 21 mai 2013, l'Union européenne a adopté d'une part, la directive n° 2013/11/UE relative au règlement extrajudiciaire des litiges de consommation (REL) et d'autre part, le Règlement n° 524/2013/UE relatif au règlement en ligne des litiges de consommation (RLL). La directive a été

---

[1] Règlement n° 910/2014/UE, 23 juillet 2014 sur l'identification électronique et les services de confiance pour les transactions électroniques au sein du marché intérieur et abrogeant la directive 1999/93/CE.

transposée par l'ordonnance n° 2015-1033 du 20 août 2015[1] tandis que la plateforme RLL a été mise en place le 15 février 2016. Cette initiative s'inscrit dans la volonté d'améliorer *« la confiance des consommateurs lorsqu'ils achèteront en ligne »* et d'encourager *« les entreprises à effectuer des ventes transfrontalières, contribuant ainsi au marché unique numérique en Europe »*[2]. Cette plateforme (https://webgate.ec.europa.eu/odr/main/index.cfm?event=main.home.show&lng=FR) offre un guichet unique permettant aux consommateurs et aux commerçants de l'UE de résoudre leurs litiges concernant aussi bien les achats nationaux que ceux transfrontaliers. Dans ce cadre, les litiges sont transmis aux organismes nationaux de règlement extrajudiciaire des litiges qui sont connectés à la plateforme et ont été sélectionnés par les États membres sur une base qualitative avant d'être notifiés à la Commission. 29 médiateurs français sont recensés au rang desquels figurent le médiateur d'entreprises tel que celui du groupe EDF, celui du groupe la Poste ou du CIC, ou encore des médiateurs de fédérations professionnelles comme celui de la FEVAD, ou enfin la plateforme des huissiers de justice Medicys.

7. La simplicité est ici le maître mot de la plateforme. Le service est gratuit et disponible dans toutes les langues officielles de l'Union européenne. Le cyberconsommateur, déçu à la suite d'un achat sur l'Internet pourra introduire une réclamation en ligne

[1] Voir S. Bernheim-Desvaux, « La transposition de la directive 2013/11/UE du 21 mai 2013 relative au règlement extrajudiciaire des litiges de consommation (RELC) par l'ordonnance n° 2015-1033 du 20 août 2013 », *Contrats, conc., consom.* 2015, études 11.

[2] Voir Jourova (Commissaire pour la justice) : Com IP/16/297.

sur la plateforme RLL dans la langue de son choix. La plateforme informera le professionnel concerné du dépôt d'une réclamation. Le consommateur et le professionnel s'accorderont alors sur l'organe de REL auquel ils feront appel pour régler leur litige. Une fois cet accord trouvé, l'organe de REL choisi recevra le dossier du litige par l'intermédiaire de la plate-forme. Bien sûr, encore faut-il que l'internaute ait connaissance de ce mode de résolution des litiges. En ce sens, le Règlement de 2013 impose en son article 14 l'obligation pour le e-commerçant de faire figurer sur son site un lien, aisément accessible et dont un modèle est proposé par l'Union[1], vers une plateforme de résolution des litiges.

8. Cet outil est promu dans une logique économique : doper le e-commerce. Mais il a dépassé son cadre : les litiges présentés ne sont pas forcément liés à des achats en ligne et l'on voit poindre la soumission à la médiation en ligne des conflits de « haute intensité » tels que des divorces.

Les questions qui vont être débattues lors de cette table ronde tournent autour de trois axes principaux :

– la médiation en ligne marche-t-elle ? La distance n'est-elle pas un frein ?
– peut-on ensuite former des médiateurs à distance ?
– peut-il y avoir une médiation sans médiateur ? par recours à un algorithme ?

Pour débattre, nous avons le plaisir d'accueillir :

– Maître Anne-Sophie Schumacher,
– Maître Mecarelli,

[1]https://webgate.ec.europa.eu/odr/main/index.cfm?event=main.home.show&lng=fr

- Stéphane Mallard,
- Et malheureusement, seulement à travers un extrait d'une vidéo faite pour l'occasion, notre collègue canadien, Karim Benyekhlef, directeur du laboratoire Cyberjustice à l'Université de Montréal.

M. Stéphane Mallard, *ancien journaliste, associé de la Maison de la communication, responsable « Nouveaux Médias »*

LE CAS DE MÉDIATION AFRIQUE : UN PROGRAMME EN LIGNE DE FORMATION ET DE CERTIFICATION À LA MÉDIATION COMMERCIALE POUR 24 PAYS SUR LE CONTINENT AFRICAIN

UN CONTEXTE FAVORABLE

Le règlement non judiciaire des conflits commerciaux offre aux entreprises une alternative efficace et à coût maîtrisé, à la voie contentieuse, dans des conditions d'indépendance, d'impartialité et de confidentialité, propices au climat des affaires. En Afrique, inspirée par les traditions les plus anciennes, la médiation favorise grandement l'accroissement de l'activité des petites et moyennes entreprises, par la sécurisation des opérations de commerce. Elle encourage, par voie de conséquence, les investissements et, d'une manière générale, la paix économique.

Fort de ce constat, de nombreux pays d'Afrique ont initié, depuis le début des années 2000 la création de services d'arbitrage/médiation, mais l'impact de leur action est resté modéré. Leurs demandes concernent aujourd'hui des mesures qui permettraient d'augmenter le nombre de médiateurs qualifiés ainsi que d'améliorer l'administration des dossiers d'arbitrage et de médiation dans les Chambres de commerce.

L'AMBITION D'UNE AGENCE INTERNATIONALE

L'International Trade Center (ITC) est une agence conjointe de l'Organisation mondiale du commerce et de l'Organisation des Nations Unies fondée en 1964. Elle a pour objectif d'aider les pays en développement et en transition à parvenir au développement économique durable grâce aux exportations et dispose, depuis 2004, d'une expertise dans le champ de la médiation.

L'ITC a notamment développé des formations spécifiques pour les personnels administratifs des centres de médiation et d'arbitrage ainsi que pour la formation et la certification de médiateurs commerciaux. Elle a pour ambition aujourd'hui de dynamiser la médiation en Afrique et initie en 2015 un nouveau programme à l'échelle panafricaine. 24 pays sont concernés.

Le programme prévoit la formation et la certification de 20 à 25 médiateurs professionnels dans chaque pays, ainsi que la formation des managers des organisations intermédiaires, au marketing de la médiation.

L'EXPERTISE D'UNE ENTREPRISE DE MÉDIATION ROCHELAISE

La Maison de la Communication, entreprise de médiation, dispose d'une solide expertise en matière de résolution amiable des conflits civils et commerciaux. Elle est à l'origine de la création du Diplôme Universitaire en « Médiation et règlement des conflits » de la Faculté de droit, de science politique et de gestion de La Rochelle, et en assure la responsabilité pédagogique et opérationnelle.

Myriam Bacqué, associée de l'entreprise, intervient depuis 2008 comme consultante auprès de l'ITC pour le développement de la médiation sur le continent africain. De plus, l'entreprise rochelaise, organisme de formation depuis ses origines, conçoit, réalise et anime des plateformes d'enseignements à distance et en ligne, visant la transmission et l'échange des savoirs et des expériences.

L'ITC va s'appuyer sur cette double compétence en médiation et en ingénierie pédagogique pour commander à la Maison de la Communication un dispositif de formation en ligne innovant et inédit : Médiation Afrique.

LE CHOIX DU MOOC

L'architecture pédagogique du programme s'inspire ouvertement des MOOC (Massive Open Online Courses), construits pour favoriser l'interactivité au sein de la communauté d'apprenants en plus des échanges avec l'équipe pédagogique.

Médiation Afrique est un parcours de formation combinant des ressources de cours (vidéo des formateurs et son verbatim à télécharger), des témoignages et retours d'expériences de pairs et d'experts (interview audio), des activités facilitant la mémorisation et l'apprentissage (questionnaires corrigés), un large éventail de ressources complémentaires et bibliographiques (Fichiers PDF et liens externes) ainsi qu'un forum d'échanges, véritable espace d'interaction entre les participants et les formateurs.

Pour tenir compte des conditions de réception d'Internet et des usages du Web sur le continent africain, l'accès à la plateforme est optimisé pour les terminaux mobiles, smartphone et tablettes.

DEUX PARCOURS DISTINCTS

Médiation Afrique, sur la même plateforme en ligne, se déploie en 2 offres distinctes :

- <u>1. Un parcours de sensibilisation et d'initiation à la médiation d'entreprise</u>
  6 leçons en libre accès, qui permettent de découvrir la posture, les outils et la responsabilité du médiateur. L'inscription est immédiate et gratuite sur la plateforme. L'accès aux ressources est illimité dans le temps. Aucun niveau d'apprentissage n'est requis pour y accéder et aucun niveau minimum n'est requis pour passer d'une leçon à l'autre. La charge de travail est estimée à 3 journées.

- <u>2. Un parcours de perfectionnement pour devenir médiateur d'entreprise</u>
  14 leçons sont délivrées sur 9 mois. Un tutorat suivi met en relation les stagiaires entre eux et les formateurs qui motivent, orientent et exercent une veille régulière des échanges sur un forum dédié. L'accès est payant après inscription et sélection. Il est nécessaire de justifier d'une formation initiale bac +3 ou d'une expérience en management d'équipe, ressources humaines ou négociation. Il est également requis d'avoir effectué la partie initiation.

Enfin, à la suite du parcours en ligne, équivalent à une formation de 200 heures, une nouvelle session, en présentiel cette fois, réunit les apprenants et les formateurs sur place, dans le pays hôte. Cette séquence comprend un programme intensif de training, mise en situation et jeux de rôles. Ce moment essentiel dans le cursus précède l'évaluation pratique nécessaire à la certification.

À son terme, le stagiaire apprenant est en capacité de situer la place de la médiation par rapport aux autres modes de règlement des conflits, d'intégrer la posture du tiers en médiation, de conduire une médiation, d'administrer une médiation judiciaire ou conventionnelle, de respecter l'éthique du médiateur et de maîtriser sa communication.

Est-il devenu pour autant, en 9 mois, un médiateur opérationnel ? En partie seulement.

S'il dispose désormais des principales techniques, connaissances et outils nécessaires pour mettre en œuvre et conduire le processus complexe d'une médiation, il mesure, après les avoir éprouvées, les compétences transversales et les qualités humaines qu'il devra déployer pour réussir sa première médiation : la distanciation, la reconnaissance de l'altérité, la tolérance, le goût de la pédagogie, le sens de l'empathie et même une dose non négligeable de créativité. Seule l'expérience vécue, l'analyse de ses pratiques, la supervision, les échanges avec ses pairs et la formation continue feront de lui un véritable médiateur.

Médiation Afrique aura permis aux stagiaires d'apprendre et d'expérimenter de manière efficace ce qu'est la médiation. Dès lors, ils pourront, comme toute discipline, la mettre en pratique et progresser.

Maître Anne Sophie Schumacher, *avocate au Barreau de Paris, spécialiste des technologies avancées, secrétaire générale adjointe de l'ANM – Association nationale des médiateurs – et de la CIMJ, médiatrice, professeure en négociation et communication*

PEUT-ON DÉSINCARNER L'ENSEIGNEMENT DE LA MÉDIATION ?

Alors que la médiation à distance est une pratique courante aux États-Unis, elle reste peu développée en France. Une révolution des mentalités s'est produite à l'occasion de la mise en place des plateformes de la médiation de la consommation dont l'accès en ligne est imposé par le législateur européen. Pour autant, la rencontre des médiés et du médiateur sur Internet ou grâce à des outils de communication ne semble pas remplacer parfaitement la rencontre physique. Les offres mêmes de la médiation de la consommation en témoignent. Elles vont de l'offre « de base » de la médiation de la consommation, limitée à la production d'écrit et d'un avis sur pièces du médiateur, à la médiation « complexe » qui nécessite des échanges à distance entre parties et médiateur, et à la médiation « présentielle » considérée comme l'offre « premium » de la médiation de la consommation.

Ce positionnement marketing à trois vitesses, mais aussi à géométrie variable, des services de médiation, semble corroborer les constats suivants : d'une part, la valeur ajoutée de la médiation est bien dans la conduite par le médiateur d'un processus de facilitation de la résolution du différend par les parties elles-mêmes ; d'autre part, les outils numériques disponibles pour réaliser une médiation à distance ne comblent pas, du moins en l'état, tous les besoins des médiateurs et des médiés et le recours au présentiel reste nécessaire. Faut-il en conclure que l'enseignement de la médiation à distance ne peut pas être désincarné non plus ?

En dépit du faible taux d'utilisation par les Français d'Internet pour se former[1], les avantages de la formation en ligne à distance (FOAD, e-learning) sont pléthoriques. Les formations à distance sont plus efficientes pour l'apprenant (meilleur rapport prix-temps/acquis) et améliorent la rentabilité des formations tout en offrant de multiples solutions d'ingénierie pédagogique pour l'organisme de formation. L'offre de formation en ligne est accessible au plus grand nombre, mobile, flexible, supprime les contraintes horaires (modules asynchrones, accès à la demande), disponible sur des supports variés (écrit, oral, audiovisuel, vidéo enrichie, par ex), en autoformation ou avec formateur, interactive (exercice, quizz) ou linéaire (interventions enregistrées, power points, etc.) synchrone (webinaire, salle virtuelle) ou asynchrone, collaborative (forum, chat, etc.), pédagogiquement innovante (ludification), différenciée (parcours personnalisés, paliers, traçabilité) ou standardisée (modules « sur étagère »). Mais aussi performants que soient les outils de la formation à distance, suffisent-ils à former des médiateurs sans avoir recours au présentiel ?

La formation à la médiation est par essence une formation-action qui requiert une expérimentation pratique des savoirs au fur et à mesure. Elle concerne des adultes. Le niveau d'exigence de l'adulte en formation est

[1] Selon l'enquête 2016 du Crédoc sur la diffusion et l'usage des technologies de l'information dans la société française, « depuis 2011, la proportion de personnes déclarant s'être formées par Internet n'a pas évolué : une personne sur sept (14 %) utilise Internet pour se former dans le cadre d'un programme de formation ».

inversement corrélé à son niveau de disponibilité. L'apprenant sacrifie du temps et des ressources financières. Il ne poursuivra la formation qu'à la condition que sa motivation soit soutenue tout du long. La motivation passe par la conscience des bénéfices retirés de l'effort d'apprentissage et les émotions positives que génère l'expérimentation.

La formation à la médiation porte sur des savoirs théoriques, tels que le cadre juridique et déontologique, les théories de la communication, de la négociation, de la gestion des conflits, de la conduite de réunion et d'autres sciences psychosociales sur les savoir-faire correspondants et le savoir-être qui naît de l'intégration par l'apprenant de l'ensemble de ces nouvelles compétences. La formation par l'action n'est pas qu'un moyen pédagogique, mais également un moyen d'initier les adaptations de la structure et du fonctionnement du cerveau qui sont utiles à l'acquisition des réflexes professionnels du médiateur.

Le processus d'apprentissage conduit l'apprenant de l'incompétence inconsciente à la compétence inconsciente. Il se confrontera d'abord à la conscience de son incompétence. Tout médiateur en devenir s'engage dans un changement personnel progressivement induit par l'appropriation de l'identité de médiateur et de sa légitimité dans cette nouvelle posture. Ce changement est anxiogène et menacé par le réflexe d'homéostasie. L'effort de l'apprenant nécessite un soutien continu pour éviter l'abandon.

L'accès à la carte aux supports de formation rassure l'apprenant. La co-création, l'appropriation de contenu sont encouragées et facilitées par l'usage des outils collaboratifs et de communications numériques (classe virtuelle, messagerie, forum, chat, échange de documents, etc.). L'ancrage dans une communauté solidaire crée un sentiment d'affiliation et suscite l'adhésion. Cependant, l'accès aux savoirs et l'affiliation aux pairs ne sont pas suffisants pour garantir la motivation de l'adulte. Celle-ci passe en effet par le sens que donne l'apprenant à sa démarche de formation (son projet professionnel et/ou ses valeurs), l'action qui implique et l'expérimentation positive qui soutient cette volonté d'action.

Les outils de la formation à distance permettent l'expérimentation puisqu'ils facilitent la connexion entre des participants et la mise en œuvre des simulations de médiation. Cependant, ils ne garantissent pas une expérimentation positive. En l'absence de connexion physique avec les médiés, l'apprenant ne fera jamais qu'une expérience partielle et tronquée de la fonction du médiateur, sa boîte à outils étant considérablement réduite.

La fonction du médiateur est de restaurer et/ou faciliter la communication entre les médiés pour susciter la collaboration à la résolution du litige. À distance, la communication non verbale est restreinte à la seule fraction visible de chacun des interlocuteurs. Par défaut, l'oralité devient le canal de communication privilégié. Les aléas techniques du fonctionnement des réseaux de communication peuvent l'impacter. Les gestes phatiques étant moins nombreux, la proportion de para-verbal diminue. Le débit s'accélère, les silences sont raccourcis, voire évités alors qu'ils sont souvent très signifiants en médiation.

La prépondérance relative de la communication verbale et non verbale dans le message est modifiée et en affecte la congruence, suscitant autant de potentiels malentendus. L'absence d'espace commun physique prive le médiateur des outils de la synergologie, de la proxémique et des effets systémiques induits par les modifications de l'organisation de l'espace et du placement des médiés. La focalisation du champ de vision réciproque des interlocuteurs sur une parcelle réduite de leurs corps respectifs rend le recours aux techniques de synchronisation moins efficace. En outre, aucun des participants, qu'il s'agisse du médiateur ou des médiés, n'a de vision d'ensemble du groupe et des interactions non verbales au sein du groupe. Le médiateur perd la possibilité d'utiliser la fonction inclusive du regard pour rassembler les participants, orienter leur attention vers un focus commun ou encore réguler le territoire conversationnel en évitant les comportements disruptifs (prise de parole intempestive ou au contraire absence de passation de la parole). Le médiateur occupera davantage une position haute pour susciter ou réguler les échanges. Sa posture directive pourrait alors impacter la perception par les médiés de leur autonomie et de leur liberté dans le processus.

Force est de constater que la formation en ligne offre de puissants leviers pour développer l'offre de formation à la médiation mais ses outils restent insuffisants pour permettre au médiateur d'expérimenter positivement la médiation. La réalité virtuelle, les avatars de plus en plus réalistes, les progrès de l'intelligence artificielle et de la robotique qui fait déjà l'objet d'expérimentation en pédagogie scolaire changeront certainement la donne dans un futur proche. Mais pour l'heure, apprendre la médiation à distance sans la vivre ni l'expérimenter intégralement, c'est encore vouloir apprendre à cuisiner sans goût ni odeurs.

TROISIÈME TABLE RONDE

La médiation doit-elle devenir obligatoire ?

Mme Michèle Guillaume-Hofnung, *professeure des facultés de droit et directrice de l'Institut de médiation Guillaume-Hofnung (IMGH), auteure du Que sais-je ?* La médiation, *7e édition, 2015*

INTRODUCTION

Afin que le débat soit éclairant pour l'auditoire, j'ai conçu mon rôle de modératrice comme garante du cadre : garantir qu'il va bien porter sur la médiation.

Tout en respectant les divergences entre les débattants, il est nécessaire qu'ils débattent de la même chose à savoir de LA MÉDIATION.

Il me semble important d'éviter de succomber à la « DTLA » qui mine souvent les réflexions et par voie de conséquence les textes touchant la médiation, et qui enfin prive l'action de sens et d'efficacité.

La DTLA est une maladie que j'ai découverte et nommée, dont je vous livre les caractéristiques. C'est une maladie dégénérative qui paralyse le travail juridique puisqu'elle prive le sujet qui en est atteint de la capacité de distinguer un terme de l'autre. Parfois même, il évite de se soigner car il pense que ce n'est pas grave, que « peu importe le mot, ce qui compte c'est de faire ». Le malade est alors atteint de réalisme aigu parfois aussi appelé pragmatisme.

Cette Dégénérescence terminologique liée à l'anomie a beaucoup frappé le législateur français, et le législateur européen. Elle n'est pas sans inconvénient.

Pour l'instant, elle conduit à l'échec de la médiation dans les pays qui se sont prématurément lancés dans l'encadrement de la médiation sans posséder ni les données qualitatives, ni les données quantitatives indispensables. L'échec se concentre principalement dans le domaine de la médiation dite judiciaire. En France, le très officiel rapport de l'Inspection générale des services judiciaires d'avril 2015 sur « Le développement des modes amiables de règlement des différends » diagnostique page 16 « l'insuccès de la médiation judiciaire » pourtant instituée par la loi du 8 février 1995. Elle risque de produire les mêmes effets sur la médiation dans les juridictions administratives, très inspirée des textes judiciaires.

L'échec est encore plus général, il atteint toute l'Union européenne ainsi qu'en témoigne l'étude lancée par le Parlement européen pour évaluer l'impact de la Directive 2008/52/EC sur certains aspects de la médiation civile et commerciale (STUDY 2014 www.europa.eu/RegData/etudes/join/2014/493042/IPOL_JURI_ET(20014)493042_EN.pdf).

Cinq ans et demi après son adoption, la médiation représente moins de 1 % des affaires dans l'Union européenne !

C'est pourquoi je demande aux débattants :

- Fondez-vous votre opinion sur une distinction entre la nature de la médiation et celle de la conciliation, ou sur la conviction que la médiation est une variété de conciliation ?
- Si vous ne les distinguez pas, verriez-vous un inconvénient à renoncer au mot médiation en faveur du mot conciliation qui, comme l'a rappelé le Président HANOUET, chemine depuis 1790 avec la Justice institutionnelle et que le législateur rend souvent obligatoire ? Il semblerait que, pour le droit, le caractère obligatoire du recours à la conciliation ne contredise pas sa nature.
- Quel doit être selon vous le périmètre de l'obligation ?
  - Obligation de suivre une information sur la médiation ?

- Obligation de recourir à la médiation ?
- Obligation limitée au secteur juridictionnel ? Mais alors ne risque-t-on pas de couper la médiation juridictionnelle des autres secteurs de la médiation au risque d'introduire une différence de nature conduisant à l'assimiler à la conciliation ?

– Associez-vous le caractère obligatoire à efficacité, à effectivité ?

« Tenter une médiation avant la saisine du juge doit devenir une obligation. »

J.E. Robiou du Pont, *avocat au Barreau de Nantes, médiateur, chargé de cours DU Médiation et Règlement des conflits de l'Université de La Rochelle, spécialiste de l'approche et de l'intervention systémique*

La médiation : une évidence...

Tous les conflits ont pour cause une relation altérée. Autrement dit, pour être en conflit, il faut d'abord ne pas, ou ne plus, parvenir à s'entendre avec l'autre. D'ailleurs, aucun juge ne raconte l'histoire de deux parties venant à l'audience, bras dessus, bras dessous, pour s'entendre dire le droit dans le conflit qui les unit.

L'idée de résoudre les différends en tentant d'abord de réparer la relation, plutôt que de livrer un combat judiciaire, est une évidence. Mais, si cela était si évident que cela, il y a belle lurette que les tribunaux seraient vides ! Pour sortir de ce dilemme, la seule alternative est de rendre obligatoire la médiation, ou, au moins sa tentative.

Qu'il faut rendre obligatoire...

Mais, ce faisant, on génère un bug logique via le formidable paradoxe qui consiste à devoir rendre l'évidence obligatoire ! Ce paradoxe est construit sur la même logique que le fameux « Sois spontané ! », bel exemple des paradoxes de la communication, chers à l'École de PALO ALTO. L'un de ses éminents représentants, Giorgio NARDONE, considère qu'il faut un contre-paradoxe pour sortir du paradoxe. L'histoire, rapportée par son maître à penser, Paul WATZLAWICK, illustre bien cette notion de contre-paradoxe : un jeune homme se jette d'un pont pour mettre fin à ses jours et, sur l'ordre d'un policier qui le menace avec son arme de service, s'exécute et regagne la rive sain et sauf.

Appliquons le raisonnement à la médiation. Le conflit est un paradoxe relationnel. Le contre-paradoxe est que, pour sortir du conflit, les parties doivent accepter de se rapprocher pour se séparer. Giorgio NARDONE soutient que si le contre-paradoxe vient de l'extérieur, son effet est renforcé, telle l'intervention du policier. On peut ainsi considérer que l'École de PALO ALTO, qui est la base théorico-pratique de la médiation, prescrit de rendre la médiation obligatoire. Au demeurant, imposer aux parties en conflit d'être volontaires pour en sortir, c'est ce à quoi s'attache le médiateur, au début de la médiation, quoiqu'il s'en défende.

VIA LA TENTATIVE DE MÉDIATION

Le législateur a montré le chemin avec l'expérimentation, dans certains cas, de la tentative de médiation préalable obligatoire en matière d'affaires familiales. Parler de tentative de médiation était pourtant osé pour un puriste : la médiation étant une tentative de trouver un accord, la tentative de médiation, c'est-à-dire la tentative de tentative, n'avait a priori pas de sens. En réalité, le sens est bien là : tout comme en négociation, où il faut d'abord négocier sur le processus avant de négocier sur le fond, en médiation, il faut d'abord tester, pour s'engager ensuite.

Tenter une médiation, c'est-à-dire expérimenter le processus pour se convaincre de son efficacité avant de s'y engager, voilà une excellente idée. Sa traduction juridique consiste à conditionner la recevabilité d'une demande en justice à la preuve qu'une tentative de médiation a été menée.

QUI INSTAURE DE LA CONFIANCE… DANS LA MÉDIATION

Parmi les rares modèles de tentative de médiation mis au point, TRUST TEST médiation a été conçu et structuré pour permettre aux médiés d'apprécier l'opportunité de s'engager dans une médiation, en clarifiant les inconvénients ou les risques de mener une médiation, les avantages ou les intérêts de mener une médiation et le niveau de confiance entre médiés, en dessous duquel la médiation sera un échec, chacun exprimant son point de vue et celui, supposé, de l'autre. Il ne s'agit donc pas d'un simple « GO/NO GO », habituel en matière de gestion de projet. Il s'agit, pour les parties, de mettre un pied dans la médiation. Ainsi, la tentative de médiation obligatoire devient un processus impactant, bien plus que la simple information. Cet impact, grâce au questionnement croisé qui participe à restaurer de la confiance, permet aux parties d'examiner l'opportunité « d'entrer » en médiation et les incite en ce sens. C'est d'ailleurs le but louable visé par le législateur.

Nathalie Pignon, *présidente du tribunal de grande instance de Niort*

L'article 21 du Code de procédure civile prévoit : « Il entre dans la mission du juge de concilier les parties ».

Il n'existe rien de comparable dans les textes sur la médiation. Le juge peut concilier, il n'est pas médiateur.

Ainsi, avant de déterminer si la médiation doit être rendue obligatoire, il convient de s'interroger précisément sur la notion et de définir ce qu'elle est (ou devrait être au regard des textes existants) en la distinguant notamment de la conciliation. Il est vrai que les textes les plus récents ne nous aident pas à faire cette distinction, les deux notions étant souvent confondues dans une définition indifférenciée. Or, le médiateur judiciaire doit posséder la qualification requise eu égard à la nature du litige, et justifier d'une formation ou d'une expérience adaptée à la pratique de la médiation, le conciliateur de justice doit, lui, avoir une expérience en matière juridique d'au moins trois ans.

Le tiers neutre et impartial de la médiation aide les parties à trouver elles-mêmes la solution à leur différend, dans la pratique, le conciliateur peut leur suggérer des solutions.

De fait, la médiation n'a pas un but strictement identique à la conciliation, et c'est peut-être l'une des raisons pour lesquelles elle s'est implantée en matière familiale de façon relativement aisée et a tant de mal à se développer en matière civile. Il existe, selon moi, une dimension affective, psychologique dans le processus de médiation qui n'est que peu ou pas du tout présente dans la conciliation.

Alors, la médiation peut-elle être obligatoire, et si oui, à quel moment : avant la saisine du juge, ou pendant l'instance, sur décision du juge ?

Prévoir la saisine d'un médiateur avant celle du juge à peine d'irrecevabilité de la demande en justice présente un risque non négligeable, celui d'instaurer un processus formel, sans appel à la réflexion des parties, conçu comme une espèce de passage obligé donnant une autorisation d'assigner, sans autre sanction que la vérification par le juge de l'exécution de cette « formalité ».

Bien plus, ce mécanisme ne pourrait être qu'une « tentative de médiation », la conclusion d'un accord ne pouvant à l'évidence être imposée aux parties avant la saisine du juge.

Permettre au juge saisi d'un litige de contraindre les parties à « aller en médiation », non pas seulement pour une information, mais pour entamer un réel processus tendant à aboutir à un accord peut présenter un tout autre intérêt.

Il ne s'agit pas alors d'une démarche obligatoire « automatique », mais d'une orientation décidée en toute connaissance de cause, après un regard porté sur le fond du dossier et l'appréciation des chances de succès d'une médiation.

L'implication du juge est fondamentale pour amorcer le processus. Sa propre confiance dans la médiation sera le meilleur atout pour recueillir l'adhésion des parties et aboutir à la réussite de la future médiation.

Par expérience, les meilleures chances de succès d'une médiation se révèlent être dans les litiges où l'aspect psychologique est important : partage successoral, litiges de voisinage, litiges entre associés dans des sociétés familiales…

Dans ces types de dossiers, dans lesquels les parties se connaissent, se côtoient ou se sont côtoyées, la médiation permet une reprise du dialogue, des explications, tout ce que l'instance judiciaire ne peut offrir.

Dans cès hypothèses, la décision du juge ordonnant une médiation peut avoir un effet de déclic, et susciter chez les plaideurs une réflexion sur le véritable objet de leur demande.

Si la médiation judiciaire est décidée par le juge, elle ne pourra utilement intervenir qu'après convocation des parties et de leur avocat. Le travail du juge sera d'abord de convaincre les parties et leurs conseils, et, à défaut, de les contraindre à se rendre à la convocation du médiateur. Le pouvoir de conviction du juge dépendra de sa propre position sur l'intérêt de la médiation.

Une meilleure formation des magistrats dès l'École nationale de la magistrature, une conception différente de leur métier pour certains avocats, et des explications claires et concordantes permettraient certainement de transformer, dans l'esprit des parties, la contrainte initiale en une réelle adhésion.

Même dans cette hypothèse, il va sans dire qu'aucun accord ne pourra être imposé, mais peut-être ce « test » obligatoire de médiation entraînera-t-il les parties vers une médiation acceptée.

Pour répondre à la question du thème de ces assises, il ne peut être fait l'économie d'une réflexion sur le rôle du juge, censé « dire le droit », dans le processus de médiation.

Si le juge estime avoir seulement pour mission de dire le droit, donc de résoudre le litige, c'est-à-dire s'il a une conception purement utilitariste de la médiation, la médiation obligatoire sera probablement mal utilisée, parce que souvent non pertinente.

Si, au contraire, le juge, comme l'y invite l'article 21 du Code de procédure civile, estime qu'il est de son devoir de contribuer à établir le dialogue entre tous les acteurs de la société, alors la médiation obligatoire prend tout son intérêt.

L'aspect utilitaire de la médiation n'est d'ailleurs pas gommé dans cette hypothèse, le juge qui ordonne la médiation obligatoire ayant pour but non seulement d'apaiser le conflit, mais aussi, plus prosaïquement, d'éviter la rédaction d'une décision, et d'éviter de voir revenir les parties dans un dossier futur (si la médiation obligatoire est bien expliquée aux parties).

Si l'un des deux buts est atteint : résoudre le litige et/ou apaiser le conflit, alors la médiation obligatoire aura été un réel succès.

Fabrice Vert, *Conseiller coordonnateur de l'activité des médiateurs et conciliateurs du ressort de la Cour d'appel de Paris, vice-président de GEMME-France*

Je remercie vivement les organisateurs des assises internationales de la médiation de m'avoir invité à y présenter une intervention, les différents ateliers et tables rondes se révélant plus passionnants et instructifs sur l'évolution des modes amiables de résolution des différends dans le monde.

Le programme me présente notamment comme conseiller coordonnateur de l'activité des médiateurs et conciliateurs de justice du ressort de la Cour d'appel de Paris.

C'est donc au travers du prisme de cette fonction que j'exerce depuis 10 ans exactement, mais également de mon expérience de juge de terrain qui a développé une pratique de conciliation de médiation, que je vais traiter de la question qui nous occupe : la tentation de la médiation obligatoire[1].

Nous assistons à une évolution favorable tant de la législation nationale et européenne que de la jurisprudence en faveur du développement des MARD (Modes amiables de résolution des différends).

La France n'est pas l'un des meilleurs élèves dans ce domaine comme l'attestent les rapports de la commission ou du conseil de l'Europe.

En effet, le développement significatif des MARD en France suppose une véritable révolution de la culture judiciaire et l'instauration d'une politique publique nationale volontariste. Les différents rapports commandés par Christiane Taubira, alors garde des Sceaux, dans le cadre de la justice du XXIe siècle attestent d'un bilan

---

[1] « La tentation de la médiation obligatoire », F. Vert, *Gazette du Palais*, 17 janvier 2014.

décevant, quand on sait, par exemple, que seulement 1 % des affaires judiciaires sont résolues par la médiation (rapport Delmas Goyon).

Le texte qui a relancé les modes amiables de résolution des différends est la directive européenne du 21 mai 2008 sur certains aspects de la médiation en matière civile et commerciale.

La France, au lieu de profiter de la transposition de cette directive pour développer une politique ambitieuse en cette matière, comme l'ont déjà fait plusieurs pays comme le Royaume-Uni, la Hollande ou, tout récemment, l'Italie, a transposé cette directive a minima par l'ordonnance du 16 novembre 2011 et le décret du 20 janvier 2012 qui a créé le livre V du Code de procédure civile « La résolution amiable des différends ».

Aussi, devant cet état des lieux peu satisfaisant et alors que les incantations au développement de la médiation et de la conciliation ne cessent d'être martelées dans tous les secteurs de la vie sociale et économique, la tentation est grande pour certains de voir, dans la médiation obligatoire (c'est-à-dire l'instauration d'un processus de médiation ou de conciliation préalable à toute saisine du juge sous peine d'irrecevabilité de la demande en justice), la solution miracle.

Tout d'abord, il convient de relever que le droit positif autorise, désormais, sans aucune équivoque, tout État de l'Union européenne ou du Conseil de l'Europe à adopter une disposition législative rendant obligatoire un processus de médiation ou de conciliation préalablement à toute saisine du juge, sous peine d'irrecevabilité de la demande en justice.

La Cour européenne des droits de l'Homme considère, dans un arrêt Momcilovic contre Croatie du 26 mars

2015[1], que l'objectif d'une disposition législative instaurant, à peine d'irrecevabilité de la demande en justice, une obligation de recourir préalablement à un mode amiable de résolution du différend, est conforme à l'article 6 § 1 de la Convention européenne.

La Cour retient que cette restriction à l'accès direct au tribunal poursuit un but légitime qui est d'assurer des économies pour le service public de la Justice et d'ouvrir la possibilité pour les parties de résoudre leur différend sans l'intervention des tribunaux.

Par ailleurs, la Cour de justice de l'Union européenne, le 14 juin 2017, dans l'affaire C-75/16 Livio Menini et Maria Antonia Rampanelli/Banco Popolare Societa Cooperativa, retient que le droit de l'Union ne s'oppose pas à une réglementation nationale qui prévoit, dans les litiges impliquant des consommateurs, qu'une médiation obligatoire soit menée avant tout recours juridictionnel.

Il s'ensuit que la directive européenne du 21 mai 2008 sur certains aspects de la médiation en matière civile et commerciale, ainsi que les principes communautaires d'effectivité et de protection de la confiance légitime, ne s'opposent pas à l'application d'une législation nationale imposant la médiation obligatoire au sens susvisé, dès lors que le préalable imposé de processus de médiation n'aboutit pas à une décision contraignante pour les parties, n'entraîne pas de retard substantiel pour saisir un juge, suspend la prescription des droits concernés et ne génère pas de frais importants.

En France, le législateur, pour assurer le développement des MARD, semble désormais privilégier la voie de la médiation ou de la conciliation obligatoire, avant toute saisine du juge.

[1] N° 11239/11, rev. Procédures mai 2015, comm. N. Fricero.

Pour preuve, la loi n° 2016-1547 du 18 novembre 2016 de modernisation de la justice du XXIe siècle contient un titre II intitulé « Favoriser les modes alternatifs de règlement des différends » dont l'article 4 dispose *qu'à peine d'irrecevabilité de la demande, une tentative préalable de conciliation obligatoire doit être conduite par le conciliateur avant toute saisine par déclaration au greffe du tribunal d'instance.* Cette loi prévoit également des tentatives préalables obligatoires de médiation dans certains contentieux familiaux, à titre expérimental, dans des juridictions désignées par arrêté ministériel.

Cette tendance est d'ailleurs conforme au souhait de certains magistrats qui voient essentiellement dans la médiation un moyen de désengorger les juridictions asphyxiées par les contentieux.

Mais d'autres praticiens ou théoriciens de la médiation demeurent sceptiques, voire hostiles à cette orientation.

En effet, le risque est grand, en rendant obligatoire la médiation, de la dénaturer, sans être assuré par ailleurs de la développer[1].

La médiation étant axée sur l'autonomie et la responsabilité de l'ensemble de ses acteurs, et supposant le consentement éclairé des médiés comme le rappelle le Code de déontologie adopté par les principales associations de médiateurs en France, n'est-il pas contraire à l'essence même de la médiation d'en faire un préalable obligatoire à toute action judiciaire ?

Le succès de la mesure de médiation ne suppose-t-il pas que les parties soient d'abord convaincues de l'intérêt de ce processus ?

Si ce processus se transforme en une étape procédurale obligatoire, il risque d'apparaître comme une pure

---

[1] « Construire la confiance entre justice et médiation », M.G. Hofnung, F. Vert, *Gazette du Palais*, 20,22 décembre 2015.

formalité sans aucune consistance et donnera aussi peu de résultats que les tentatives préalables obligatoires de conciliation qui existent déjà dans les conseils de prud'hommes ou les tribunaux d'instance.

Il est d'ailleurs intéressant à ce sujet de rappeler le décret n° 2015-282 du 11 mars 2015, relatif à la simplification de la procédure civile, à la communication électronique et à la résolution amiable des différends, qui, depuis le 1er avril 2015, prévoit que toute assignation, requête ou déclaration au greffe doit préciser « les diligences entreprises en vue de parvenir à une résolution amiable du litige », sauf justification d'un motif légitime tenant à l'urgence ou à la matière considérée en particulier lorsqu'elle intéresse l'ordre public. Certains avocats ont qualifié ce décret, qui lui aussi se limite à imposer une pure formalité, d'inutile et improductif, allant jusqu'à utiliser l'expression de « pétard mouillé »[1]. L'application de ce décret tend effectivement à démontrer dans la pratique que la formalité imposée par ce décret prend souvent la forme d'une lettre purement formelle adressée à l'autre partie sans un véritable engagement des parties dans la voie d'un processus de règlement à l'amiable du litige.

Le succès de la médiation suppose d'abord une information effective des justiciables sur les différents MARD, une formation appropriée des acteurs judiciaires sur la médiation et la conciliation leur permettant de présenter efficacement et pro-activement aux justiciables les MARD pour aider ces derniers à apprécier leur intérêt à résoudre ou non leur litige par la voie amiable. Il est à craindre que rendre la médiation obligatoire ne fasse passer par pertes et profits cette étape de sensibilisation

---

[1] « Mention de la tentative de négociation dans l'assignation : un pétard mouillé ? » A. Mazenq, *Dalloz actualité*, 18 mars 2015.

des justiciables (avec l'appui de leur avocat et le rôle actif du juge prescripteur dans le cadre d'un débat participatif) qui est cruciale pour convaincre ces derniers des avantages de la Justice pacificatrice et collaborative et de participer loyalement au processus de médiation.

Le risque de la médiation obligatoire est de dénaturer l'essence même de ce processus (*La médiation est un processus structuré, axé sur l'autonomie et la responsabilité de ses acteurs, qui consiste à confier à un tiers impartial, indépendant, qualifié et sans pouvoir de décision sur le fond, « le médiateur », la mission d'entendre les parties en conflit et de confronter leurs points de vue au cours d'entretiens confidentiels afin de les aider à établir ou rétablir une communication et à trouver elles-mêmes des accords mutuellement acceptables*) sans pour autant assurer le succès effectif des modes amiables dans les juridictions. En revanche, il serait souhaitable de sanctionner la partie qui refuserait de s'informer sur la médiation alors que cette information lui est proposée par le juge soit directement, soit par l'invitation de se rendre à une permanence d'information sur la médiation tenue par un médiateur.

À mon sens et au regard de mon expérience de juge de terrain proposant depuis de nombreuses années la médiation aux justiciables, les discours l'encourageant et la promouvant, même s'ils sont de plus en plus nombreux et proviennent d'horizons très divers, resteront peu productifs tant que ne seront pas traitées certaines questions tenant à la définition de la médiation, à l'information et aux incitations financières pour y recourir à la qualité, la formation et la déontologie des médiateurs ainsi qu'à la structuration de la médiation dans les juridictions. Sans une politique volontariste prenant en compte l'ensemble de ces paramètres et y apportant les réponses appropriées, il n'y a guère à espérer un développement significatif de la médiation judiciaire dans un pays qui, à l'inverse de nombreux autres, notamment anglo-saxons, est une société du conflit et non du compromis, et le recours à la médiation obligatoire ne me semble pas la panacée de nature à répondre à toutes ces problématiques[1].

Pour conclure, je présenterai quelques propositions qui pourraient inspirer cette politique publique attendue par de nombreux promoteurs de la médiation judiciaire en France et dont la plupart ont été débattues dans le cadre du rapport Magendie célérité et qualité de la justice, la médiation : une autre voie[2] ou dans le cadre de l'unité de médiation civile de la Cour d'appel de Paris, créée en 2014 à l'initiative de sa première présidente, C. Arens[3] :

1. Un outil statistique informatisé national

Il n'existe aucun Code permettant de comptabiliser les décisions homologuant un accord de médiation ou les décisions de désistement et de radiation consécutives à un tel accord.

Il n'existe pas davantage de code permettant de comptabiliser les invitations faites par les magistrats aux parties de rencontrer un médiateur.

Il est donc suggéré que la chancellerie crée de tels codes de décision en les incluant dans les statistiques des tableaux de suivi.

Outre qu'un tel outil statistique se révèle indispensable pour obtenir une évaluation fiable et en tirer les enseignements utiles, elle manifesterait une reconnais-

---

[1] « La médiation dans le domaine judiciaire en France » F. Vert, *les Annonces de la Seine*, 5 mai 2014.

[2] http:/www.ca.paris.justice.fr

[3] « Médiation et conciliation : modes premiers de règlement des litiges », *Gazette du Palais* 24, 25 avril 2015.

sance pour le travail déployé par les fonctionnaires du greffe et les magistrats dans ce domaine.

Parallèlement, il serait souhaitable de faire de la médiation un indicateur de performance de l'activité des juridictions comme le préconise le rapport « Le juge du XXIe siècle ».

Il sera rappelé qu'une politique publique en matière de médiation et de conciliation suppose des objectifs fixés aux juridictions, des moyens et une évaluation fiable des résultats qui ne pourra se réaliser que par la création d'outils statistiques informatisés adaptés. « *La médiation n'est pas un acte isolé, elle s'inscrit dans une culture. Pour réussir, elle doit s'adapter à la culture dans laquelle elle se déroule.* » (in Tomas Fiutak : Le *médiateur dans l'arène*, éd. Érès, p. 19).

Les statistiques et les indicateurs de performance faisant désormais partie de la culture judiciaire, tant que ces derniers ne prendront pas en compte l'activité déployée par les acteurs judiciaires dans le domaine des modes amiables de résolution des différends, il est à craindre que le constat soit toujours le même : à savoir que ce développement repose sur des initiatives individuelles menées notamment par des magistrats particulièrement investis, avec le soutien de leur hiérarchie, ces expériences prenant fin lors d'une nouvelle affectation de ces magistrats.

2. Des mesures d'incitation, notamment financière

Un développement significatif de la médiation judiciaire implique nécessairement de répondre à un impératif tenant notamment à l'adoption de mesures financières incitatives comme cela existe dans de nombreux pays. Ainsi, dans les pays anglo-saxons, le juge a le pouvoir de sanctionner, par la condamnation aux frais de la Justice, un refus déraisonnable de participer à la résolution amiable du litige.

Voici deux propositions de mesures d'incitation :

A/ *Généralisation au profit du juge du pouvoir d'enjoindre les parties*, non pas de recourir à la médiation, mais *de s'informer sur la médiation*, avec une incitation financière par le mécanisme de l'article 700 du Code de procédure civile (frais irrépétibles du procès).

On pourrait ainsi modifier l'article 700 du Code de procédure civile comme suit :

Lorsque le juge a proposé une médiation et a enjoint aux parties de s'informer sur la médiation (notamment dans le cadre d'une permanence d'information sur la médiation), toute demande formulée par une partie sur le fondement de l'article 700 CPC serait automatiquement rejetée si celle-ci ne s'est pas effectivement informée sur la médiation. Le texte pourrait être rédigé avec l'un des deux ajouts suivants, en fonction du rôle que l'on veut ou non laisser au juge :

1 : *« la partie à l'instance qui refuse de s'informer sur la médiation lorsqu'elle est proposée par le magistrat ne pourra pas prétendre au bénéfice de cet article »*.

2 : *« la partie à l'instance qui refuse de s'informer sur la médiation lorsqu'elle est* proposée *par le magistrat pourra être privée par ce dernier du bénéfice de cet article »* (rapport célérité et qualité de la justice : la médiation, une autre voie, d'octobre 2008).

B/ Demander aux parties de joindre à leurs premières conclusions en demande et en défense un questionnaire rempli et signé de l'avocat et de son client (sous peine d'irrecevabilité des conclusions) afin de savoir si les parties ont tenté une solution amiable. Dans la négative, demander pourquoi et si une offre de médiation pourrait avoir un intérêt.

L'échec relatif du système dit de la double convocation provient essentiellement de la fréquente absence des parties à la réunion d'information sur la médiation (ce constat ayant été fait dans l'ensemble des juridictions ayant pratiqué ou pratiquant la double convocation).

3. Une institutionnalisation d'un service médiation dans les juridictions

L'expérience démontre que, lorsque le magistrat, après avoir sélectionné les dossiers, ordonne la comparution personnelle des parties assistées des avocats, pour leur proposer lui-même une mesure de médiation, puis les invite à rencontrer immédiatement un médiateur qui tient une permanence à ses côtés, est un système efficace.

Mais cela suppose, pour pérenniser un tel système, que le Code de l'organisation judiciaire prévoit des audiences de proposition de médiation avec la spécialisation de magistrats formés en la matière, assistés d'un service de fonctionnaires du greffe et d'assistants de justice chargés de sélectionner les dossiers, de convoquer les parties et d'organiser les permanences de médiateurs, dans des locaux adaptés.

Il serait souhaitable de développer un véritable circuit procédural de médiation et de conciliation dans les juridictions.

On pourrait envisager à titre expérimental **la création d'une chambre pilote de médiation et conciliation** composée de trois magistrats spécialisés et formés dans ce domaine, qui traiteraient de l'ensemble des affaires (en droit civil) éligibles à une mesure de médiation ou de conciliation, de leur juridiction (les chambres pouvant cependant conserver ces dossiers si elles souhaitent elles-mêmes s'investir dans une politique de médiation).

Après examen de l'affaire avec les parties et leurs conseils, celle-ci ferait l'objet (selon des critères à définir tels que la complexité de l'affaire ou les ressources économiques des parties) d'une tentative de conciliation menée par le juge lui-même ou par un magistrat réserviste (sous réserve de modification des attributions de ces derniers), ou d'un médiateur ou d'une désignation par le juge d'un conciliateur de justice ou d'un envoi à une permanence d'information sur la médiation.

4. La labellisation des médiateurs (liste de médiateurs)

Pour assurer la confiance dans la médiation, condition indispensable à sa réussite, d'aucuns, interpellés par le foisonnement actuel, aspirent à la création d'un conseil national de la médiation et de la conciliation composée de représentants de magistrats, auxiliaires de justice, associations de médiateurs, instituts de formation à la médiation, professeurs de droit et élus, dont la mission serait d'observer les initiatives en la matière, former des propositions aux pouvoirs publics en vue de l'adoption d'une politique publique dans ce domaine.

Il appartiendrait à ce conseil de labelliser les formations à la médiation et les associations de médiateurs en les contrôlant et les évaluant. Puis, ces associations labellisées et contrôlées par ce conseil national indiqueraient à chaque Cour d'appel le nom de ses adhérents susceptibles d'être désignés comme médiateurs sur le ressort de la cour, chaque cour disposant ainsi d'une liste à titre facultatif à destination des magistrats.

Il serait ainsi répondu aux exigences posées par l'article 4 intitulé « qualité de la médiation » de la directive du 21 mai 2008 et à la question récurrente « de la liste des médiateurs » et à l'article 8 de la loi du 18 novembre 2016 qui impose l'établissement d'une liste de médiateurs par Cour d'appel.

En revanche, la création d'un diplôme unique de médiateur ou d'une liste de médiateurs établie sur le modèle de la liste des experts (outre que l'établissement d'une telle liste sur ce modèle serait chronophage pour les Cours d'appel) risquerait d'en faire une profession réservée à certaines catégories professionnelles privant ainsi la médiation de sa diversité qui en fait toute sa richesse.

5. Une formation obligatoire des avocats et magistrats sur le droit positif de la médiation accompagnée d'une initiation aux techniques de la médiation

En effet, comment imaginer un développement de la médiation si les acteurs judiciaires n'en connaissent ni le régime juridique ni l'intérêt qu'elle présente pour les parties ?

6. Une mission d'évaluation des pratiques de médiation initiées dans les juridictions et création d'un observatoire national de la médiation

Comme le souligne le professeur Bonafé-Schmitt (l'un des premiers chercheurs français s'étant intéressés à cette question), faute d'une culture de l'évaluation dans notre pays, il n'a pas été permis de capitaliser les acquis des expériences de médiation menées depuis plusieurs décennies dans les juridictions ni d'avoir une vision d'ensemble de la médiation comme mode de régulation sociale des conflits dans les différents champs de la médiation… Il serait souhaitable qu'une telle mission, composée notamment de spécialistes de la médiation, soit mise en place ainsi qu'un observatoire national de la médiation comme l'appellent de leurs vœux d'éminents spécialistes de la médiation en France depuis de nombreuses années.

Quatrième table ronde

La matière familiale, un terreau fertile pour la médiation obligatoire ?

Catherine Marie, *professeure à l'Université de La Rochelle*

L'ampleur des litiges familiaux, lesquels représentent aujourd'hui près de la moitié du contentieux devant les tribunaux civils[1], qu'il s'agisse de questions touchant à la séparation des couples ou encore à l'organisation des relations parents-enfants, associée à leur complexité et spécificité permettent de s'interroger sur l'inadéquation des réponses judiciaires « classiques »[2]. En effet, dans ce contentieux à la dimension humaine prédominante, où chacun arrive avec son histoire, ses blessures, la simple application par un juge de la règle de droit s'avère insuffisante à épuiser des conflits parfois anciens et qui subsistent souvent bien après la fin du procès. Pour toutes ces raisons, et dans un souci d'apaisement, la médiation a été introduite en matière familiale dans notre législation depuis de nombreuses années mais sans que les résultats soient au rendez-vous des attentes.

C'est sous l'influence conjuguée des exemples étrangers (modèle anglo-saxon et spécialement québécois), des milieux associatifs et de la pratique de certaines juridictions[3] que la médiation familiale s'est inscrite dans le paysage français à partir des années 1980. Une

---

[1] 53,4 % des affaires nouvelles devant les tribunaux de grande instance et 14,8 % devant les Cours d'appel. Parmi ces affaires, les demandes modificatives représentent le contentieux le plus lourd à la fois en termes de statistiques et de complexité des affaires.

[2] En ce sens, A. Leborgne, « Plaidoyer en faveur de la médiation familiale pour une justice familiale apaisée », *RJPF*, n° 5, 1er mai 2015.

[3] Le tribunal de grande instance de La Rochelle a été parmi les juridictions qui ont mis en place les premières expériences françaises de médiation familiale, Voir TGI La Rochelle, 17 février 1988 et TGI Argentan, ord. 23 juin 1988, D. 1989, p. 411, note C. Liénard, « L'avènement de la médiation familiale ».

recommandation du Comité du Conseil de l'Europe, mettant en exergue le nombre croissant de litiges familiaux et leur spécificité, ainsi que l'intérêt supérieur de l'enfant tel que consacré par les instruments internationaux, spécialement la Convention internationale relative aux Droits de l'Enfant de 1989, a invité les États européens en 1998 à instituer ou promouvoir la médiation familiale comme « moyen approprié de résolution des litiges familiaux ».

En écho à cette recommandation, a été créé en France en 2001 le Conseil national consultatif de la médiation familiale qui, en 2003, l'a définie comme « un processus de construction ou de reconstruction du lien familial axé sur l'autonomie et la responsabilité des personnes concernées par des situations de rupture ou de séparation dans lequel un tiers impartial, indépendant, qualifié et sans pouvoir de décision, le médiateur familial, favorise, à travers l'organisation d'entretiens confidentiels, leur communication, la gestion de leur conflit dans le domaine familial entendu dans sa diversité et dans son évolution ».

Ensuite, le législateur, par petites touches et à l'occasion de diverses réformes importantes du droit de la famille, a insufflé la médiation familiale dans la législation française. Lors de la réforme de l'autorité parentale en 2002[1], elle prend sa place dans le Code civil à l'article 373-2-10 puis à l'article 255 lors de la réforme du divorce en 2004[2].

Selon ces textes, le juge aux affaires familiales peut, d'une part, faire injonction aux parties de rencontrer un médiateur et d'autre part, ordonner une médiation après avoir recueilli l'accord des parties, et désigner un médiateur familial pour y procéder. De manière plus

---

[1] Loi n° 2002-305 du 4 mars 2002 relative à l'autorité parentale.
[2] Loi n° 2004-439 du 26 mai 2004 relative au divorce.

générale, l'article 1071 du Code de procédure civile permet au juge aux affaires familiales saisi d'un litige de proposer une mesure de médiation et après avoir recueilli l'accord des parties, de désigner un médiateur familial (al. 2). De manière plus comminatoire, ce même article dispose qu'il peut enjoindre aux parties de rencontrer un médiateur (al. 3). Loin de se limiter au divorce, à l'après-divorce, à l'autorité parentale, le champ d'application de la médiation familiale se déploie ainsi dans bien d'autres domaines du droit patrimonial comme extrapatrimonial de la famille tels que la fixation d'une obligation alimentaire, le fonctionnement des régimes matrimoniaux, les indivisions entre concubins ou partenaires d'un pacte civil de solidarité ou encore le partage des intérêts patrimoniaux des couples mariés, partenaires et concubins… Du point de vue processuel, l'intérêt de cette médiation réside également dans le fait qu'elle peut être ordonnée par le juge à plusieurs stades de la procédure, soit dans le cadre des mesures provisoires, soit lors de conflits survenant à propos de l'autorité parentale. Sans aller encore jusqu'à lui octroyer le pouvoir d'obliger les parties à passer par la « case médiation », ces différents textes dotent le juge aux affaires familiales d'un pouvoir d'injonction original et absent d'autres contentieux, puisqu'il peut leur ordonner de se rendre à une réunion d'information sur la médiation.

Afin de renforcer encore la spécificité de la matière familiale, la formation des médiateurs familiaux fait également l'objet d'une réglementation particulière[1]. Un diplôme d'État de médiateur familial atteste des compétences nécessaires des intervenants, sans toutefois que celui-ci présente un caractère obligatoire pour exercer les fonctions de médiateur familial.

---

[1] Décret n° 2003-1166 du 2 décembre 2003 portant création du diplôme d'État de médiateur familial.

En dépit de toutes ces dispositions particulières relatives à la médiation familiale incitant les professionnels, magistrats et avocats, à se servir de cet outil en présence de conflits familiaux, les résultats restent décevants. Même si certains magistrats convaincus de ses bienfaits ont largement développé la médiation familiale dans leurs juridictions[1], les chiffres montrent que son recours reste encore marginal. En effet, en 2011, la médiation familiale a représenté seulement 1 % du contentieux soumis aux juges aux affaires familiales[2]. Devant les tribunaux de grande instance, les envois en médiation ou injonctions de rencontrer un médiateur représentaient, en 2013, 3 369 affaires[3]. Devant les Cours d'appel, 46 ordonnances désignant un médiateur ont été rendues en 2013, 46 en 2012 et 79 en 2011. Les affaires dans lesquelles un médiateur est intervenu se terminent par un accord entre les parties dans 5 % des cas, alors que le taux d'accord est de 3 % dans les litiges dans lesquels aucun médiateur n'a été présent. S'agissant des délais de traitement, les affaires ayant fait l'objet d'une médiation ont duré en moyenne 18,8 mois, soit près de neuf mois de

---

[1] Par exemple, au TGI de Paris, Danièle Ganancia : « Enjeux et perspectives de la médiation de Paris », *Gaz. Pal.* 2011, doctr., p. 14. – Isabelle Imbert au TGI de Grasse : « Le juge aux affaires familiales et la médiation », *in La résolution amiable des différends dans le contentieux familial*, Journée d'études en droit de la famille, Nice, 2013. – M. Juston au TGI de Tarascon : « La médiation familiale : une impérieuse nécessité dans les tribunaux », *Gaz. Pal.* 2004, doctr. p. 2 ; « La médiation dans le contentieux familial : un changement de culture judiciaire », *Gaz. Pal.* 2005, doctr., p. 2 ; « L'intérêt de la médiation familiale pour l'enfant », Dr. famille 2008, étude 10. – A. Leborgne, « La pratique de la médiation familiale judiciaire : étude menée dans le ressort de la Cour d'appel d'Aix-en-Provence », *Gaz. Pal.* 10/10/2015, n° 283, p. 14.

[2] Cf. Rapp. inf. justice familiale, Sénat, n° 404, 2013-2014, p. 54.

[3] 3 109 en 2012 et 3 202 en 2011.

plus que celles dans lesquelles aucun médiateur n'est intervenu[1].

Des interrogations surgissent inévitablement sur les raisons de ces chiffres si bas alors que la matière familiale semble un terrain idéal pour la médiation familiale. Nombreux sont pourtant les spécialistes de la justice familiale qui proposent un renforcement de la médiation familiale.

Ainsi, plusieurs rapports ont préconisé son développement[2] :

Constatant que la médiation en matière civile générale n'était ordonnée que dans 1,5 % des affaires traitées par les Cours d'appel et 1,1 % de celles examinées par les juridictions de premier degré, le rapport Guinchard préconisait en 2008, d'une part, de faire de la médiation familiale un préalable obligatoire pour toutes les « actions modificatives » tendant à modifier l'exercice de l'autorité parentale et, d'autre part, de développer la « double convocation », c'est-à-dire pour le juge, d'inviter les parties à rencontrer un médiateur avant même l'audience[3].

Le rapport Magendie III sur la médiation remis au garde des Sceaux la même année préconisait les mêmes orientations[4].

Reprenant les propositions du rapport Guinchard, le législateur, en 2011, a aménagé à titre expérimental certaines règles de procédure en matière familiale : double

---

[1] 10,2 mois.

[2] Cf. Ch. Ruetsch, « Les propositions faites en matière de justice familiale par les récents rapports sur la justice », *Gaz. Pal.*, 1er avril 2014, n° 091.

[3] S. Guinchard, « L'ambition raisonnée d'une justice apaisée, rapport remis au ministre de la Justice le 30 juin 2008 », propositions nos 51 et 52.

[4] Rapport dit « Magendie II », Célérité et qualité de la justice. La médiation : une autre voie, 15 octobre 2008, p. 39 à 45.

convocation[1] et tentative de médiation familiale obligatoire, avant toute requête en modification d'une décision fixant les modalités de l'exercice de l'autorité parentale ou la contribution à l'entretien et à l'éducation de l'enfant, ou en modification d'une convention homologuée[2]. Dépassant la simple injonction et sous peine d'irrecevabilité, susceptible d'être soulevée d'office par le juge, la saisine de ce dernier par les parents devait donc être précédée d'une tentative de médiation familiale. Les parties pouvaient refuser d'engager une médiation à l'issue de la rencontre avec le médiateur, et des exceptions étaient prévues[3].

Les tribunaux d'Arras et de Bordeaux[4] ont été désignés afin de mettre en œuvre ces mesures (jusqu'au 31 décembre 2014 ; l'expérience a duré 18 mois). Le bilan de ces expériences même s'il reste mitigé met en lumière de

---

[1] Décret n° 2010-1395 du 12 novembre 2010 relatif à la médiation et à l'activité judiciaire prévoyait, à titre expérimental, la mise en œuvre dans certains tribunaux d'une injonction préalable de rencontrer un médiateur avant l'audience du juge aux affaires familiales saisi d'un litige relatif à l'exercice de l'autorité parentale (application du 3e al. de l'art. 373-2-10 CC).

[2] Loi n° 2011-1862, 13 décembre 2011, relative à la répartition des contentieux et à l'allègement des procédures juridictionnelles. – Par dérogation aux dispositions de l'art. 373-2-13 du Code civil. – A.-M. Leroyer, RTD civ. 2012, p. 159.

[3] Exceptions prévues : Demande conjointe des deux parents ; motif légitime ; risque, compte tenu des délais dans lesquels elle était susceptible d'intervenir, de porter atteinte au droit d'accès au juge dans un délai raisonnable.

[4] Arrêtés du 16 mai 2013, NOR : JUSB1312259A, *JO* 31 mai. – Le lancement et le suivi de cette expérimentation ont été assurés par le Service de l'accès au droit et à la justice et de l'aide aux victimes (SADJAV), la Direction des services judiciaires (DSJ) et la Direction des affaires civiles et du Sceau (DACS). – Voir Egéa, « Médiation familiale obligatoire : désignation des juridictions “expérimentales” », Dr. Famille, 2013, alerte 42.

nombreux aspects positifs[1]. Selon la synthèse du bilan, après un temps nécessaire d'adaptation et de consensus, les acteurs de la médiation, bordelais et arrageois, se sont approprié les deux dispositifs expérimentaux. Le bilan est plutôt positif, notamment en termes de taux de recours aux dispositifs par les juridictions ou spontanément par les parties. Les résultats sont globalement meilleurs pour la Tentative de médiation préalable obligatoire (TMPO) en raison certainement de son caractère obligatoire que pour la Double convocation (DC), la première obtenant la préférence des magistrats et des médiateurs[2]. En revanche, d'après le rapport, une réflexion devrait être conduite, s'agissant de l'engagement des parties en médiation – plus faible pour les deux dispositifs expérimentaux que dans les dispositifs classiques. Cependant, en l'absence même d'engagement, il est à noter que les acteurs judiciaires reconnaissent l'apaisement du conflit après un entretien d'information, quel que soit le dispositif de médiation utilisé.

---

[1] Voir Présentation devant le Haut Conseil à la Famille du bilan de l'expérimentation sur les TGI de Bordeaux et d'Arras, consultable en ligne : www.hcfea.fr/IMG/pdf/PresentationHCF_SADJAV. – Voir aussi « Rapport sur le développement des modes amiables de règlement des différends, Inspection générale des services judiciaires », avril 2015, n° 22-15, p. 18 à 20, consultable en ligne : http://www.justice.gouv.fr/publication/2015_THEM_Rapport_definitif_reglement_conflits.pdf

[2] La part d'accords sur toute la durée de l'expérimentation est très importante dans le dispositif de la TMPO puisqu'elle suit de très près les mesures conventionnelles. La TMPO arrive en tête au niveau des accords écrits totaux avec 45,13 %. Le caractère coercitif de cette mesure explique certainement un tel pourcentage. La part d'accords issus du dispositif de la DC, avec 67,12 %, devance, en tout état de cause, dépasse les dispositifs judiciaires classiques (53,78 %). Homologation des accords par le juge aux affaires familiales : 64 % dans le cadre de la Double convocation et 51 % dans celle de la Tentative de médiation préalable obligatoire.

Pour ce qui est des issues à la mesure de médiation, qu'elle se solde par un accord ou un apaisement du conflit sans accord, le bilan montre que les deux dispositifs offrent de très bons résultats. Cela pourrait signifier qu'à partir du moment où, d'une part, le conflit n'est pas trop cristallisé et figé et, d'autre part, que la médiation est bien expliquée aux parties, ces dernières se sentent davantage impliquées. Par ailleurs, en termes d'accord, les statistiques de l'expérimentation sont meilleures que les statistiques actuelles sur la médiation familiale.

À la suite de la mise en place de cette expérimentation, deux rapports remis au garde des Sceaux en 2013 ont insisté sur la nécessité de renforcer les processus de résolution amiable des conflits : les rapports Delmas-Goyon et Marshall[1].

En 2014, la commission présidée par Marc Juston, président du tribunal de grande instance de Tarascon, a déposé quant à elle un rapport contenant 31 propositions dont une (Proposition n° 10) rendant obligatoire une rencontre préalable avec un médiateur familial dans toutes les instances relatives à l'autorité parentale[2].

---

[1] P. Delmas-Goyon, « Le juge du XXIe siècle, un citoyen acteur, une équipe de justice »,
www.justice.gouv.fr/publication/rapport_dg_2013.pdf – D. Marshall, « Les juridictions du XXIe siècle »,
www.justice.gouv.fr/publication/rapport_Marshall_2013.pdf

[2] Le rapport « Juston » sur la médiation familiale et la coparentalité a été rendu public le 30 avril 2014. Ce document présente les conclusions du quatrième groupe de travail mis en place par Dominique Bertinotti, ancienne ministre déléguée à la Famille, dans le cadre de la préparation du projet de loi famille, depuis abandonné. Les différents axes du rapport sont articulés autour de la nécessité du changement de culture, la définition de la médiation familiale et son introduction dans le Code civil, la nécessité de faciliter la coparentalité et les conditions de la résidence alternée. Rapport en ligne : http://www.oned.gouv.fr/actualité/rapport-groupe-travail-mediation-familiale-et-contrats-coparentalite

En février 2014, c'est un rapport consacré à la justice familiale qui préconise à son tour de conforter les dispositifs d'expérimentation existants et d'étendre l'expérimentation, de manière progressive[1].

Emblématique d'une politique des petits pas, l'expérimentation mise en place en 2013 est reprise par la loi n° 2016-1547 du 18 novembre 2016 de modernisation de la justice du XXIe siècle[2] et étendue jusqu'au 31 décembre 2019 aux tribunaux de grande instance désignés par arrêté[3] (11 TGI). Elle reprend l'obligation, sous peine d'irrecevabilité que le juge peut relever d'office, d'une tentative de médiation familiale lors d'une saisine par le ou les parents du juge aux affaires familiales pour modification des décisions fixant les modalités de l'exercice de l'autorité parentale ou la contribution à l'entretien et à l'éducation de l'enfant, ainsi que les stipulations contenues dans la convention homologuée (C. civ., art. 373-2-13).

---

1 Rapp. inf. justice familiale, Sénat, n° 404, 2013-2014, p. 59.

2 L'amendement présenté par Messieurs Le Bouillonnec et Clément, rapporteurs, a tiré les enseignements du bilan du SADJAV : « Cette expérimentation menée dans deux tribunaux de grande instance (Arras et Bordeaux) entre 2012 et 2014 a montré que cette tentative de médiation préalable obligatoire était très efficace puisqu'elle a abouti à près de 77 % d'accord. Il est donc proposé de la généraliser. » Cet amendement a conduit à un sous-amendement présenté par le gouvernement et adopté le 18 mai 2016 à l'Assemblée nationale. Il a été intégré dans le projet de loi de modernisation de la justice du XXIe siècle qui a abouti à la loi du 18 novembre 2016 de modernisation de la justice. Il conduit à généraliser, dans plusieurs TGI pendant 3 ans, l'expérimentation prévue par l'article 15 de la loi n° 2011-1862 du 13 décembre 2011.

3 L'arrêté du 16 mars 2017 désigne les onze juridictions qui prendront le relais pour trois ans : TGI de Bayonne, Bordeaux, Cherbourg-en-Cotentin, Évry, Nantes, Nîmes, Montpellier, Pontoise, Rennes, Saint-Denis et Tours.

La loi écarte expressément la médiation familiale là où elle est inadaptée, c'est-à-dire en cas de violences[1] d'un parent envers l'autre ou envers un enfant (C. civ., art. 373-2-10). La France s'est d'ailleurs engagée, en ratifiant la Convention de 2011 sur la prévention et la lutte contre la violence à l'égard des femmes et la violence domestique, à interdire dans ces cas les modes alternatifs[18]. En outre, ce préalable n'est pas non plus imposé lorsqu'il existe un motif légitime de s'en passer ou lorsque la demande émane des deux parents afin de solliciter l'homologation d'une convention selon les modalités de l'article 373-2-7 du Code civil.

Il serait souhaitable que, comme pour la plupart des expérimentations procédurales, il s'agisse d'une étape donnant lieu à consolidation. Plus globalement, le

---

[1] La circulaire de présentation de diverses dispositions en matière de droit des personnes et de la famille de la loi du 18 novembre 2016 de modernisation de la justice du XXIe siècle (26 juillet 2017, n° JUSC1720438C) précise cette notion de violences : elle doit être appréciée au regard de l'atteinte à l'intégrité physique ou psychique qui en résulte. Les violences de nature à écarter l'usage de la médiation sont celles commises par l'un des parents sur l'autre parent ou l'enfant. Sera pris en considération le lien de filiation à l'égard d'un enfant commun. Les violences commises par des tiers (membres de la famille de l'un des parents, par exemple) ne sont pas visées. Comme l'a précisé le Conseil constitutionnel dans sa décision n° 2016-739 DC du 17 novembre 2016 sur la loi de modernisation de la justice du XXIe siècle, il appartiendra au juge aux affaires familiales d'apprécier la réalité des violences pour l'application de cette disposition, puisque l'exclusion de la médiation familiale n'est pas subordonnée à la condition que ces violences aient donné lieu à condamnation pénale ou au dépôt d'une plainte. Le juge devra donc apprécier s'il existe des raisons sérieuses de considérer comme vraisemblable la commission des faits de violences allégués au vu des éléments produits devant lui conformément aux règles applicables au procès civil et contradictoirement débattues. Contrairement à ce qui est prévu à l'art. 515-9 du Code civil pour l'ordonnance de protection, l'exception à la médiation prévue à l'art. 373-2-10 du Code civil doit être retenue sans qu'il y ait lieu d'apprécier si les violences commises ont mis en danger la personne qui en a été victime.

renforcement de la médiation familiale s'inscrit dans un mouvement plus large de déjudiciarisation qui trouve aujourd'hui un nouvel essor[1].

Peut-on aller plus loin et accentuer la spécificité de la médiation familiale en la rendant obligatoire dans certains cas comme certains auteurs et praticiens le suggèrent[2] ? Peut-on passer de l'information à l'incitation, de l'injonction à l'obligation ? L'essence même de la médiation qui repose sur une démarche volontaire peut-elle s'accommoder d'un ordre du juge ? Quelle serait l'attitude des parents en cas de fort conflit ? La matière familiale semble un terreau fertile pour la médiation « obligatoire » mais faut-il aller jusqu'à une « tentative de médiation obligatoire » ou se contenter de l'obligation d'une « rencontre préalable à la médiation familiale » ou d'un « entretien préalable à la médiation familiale » ?

Les professionnelles spécialistes du sujet réunies pour cette table ronde vont nous éclairer sur ces interrogations : Marie-France Carlier, juge au tribunal de la jeunesse de Namur-division Dinant, nous décrira la pratique de la médiation familiale en Belgique – Danièle Ganancia, vice-présidente honoraire du tribunal de grande instance de Paris, nous fera bénéficier de sa longue et riche pratique de la médiation familiale – Élodie Mulon, avocate au barreau de Paris, présidente de l'Institut du droit de la famille et du patrimoine, membre du Conseil national des barreaux, nous expliquera le rôle que peut jouer l'avocat en matière de médiation familiale en accompagnant son client tout au long de celle-ci.

---

[1] Y. Strickler, *Les modes alternatifs de règlement des différends dans la loi n° 2016-1547 du 18 novembre 2016 de modernisation de la justice du XXI*[e] *siècle*, *Procédures*, 2017, Études 7.

[2] En ce sens, Voir J.-E. Robiou du Pont, « Pour la médiation obligatoire », *D. Act.*, 28 mars 2017.

Marie-France Carlier, *juge au tribunal de la famille et de la jeunesse de Namur-division Dinant (Belgique)*

[...] ce que l'on raconte aux gens ne leur apprend jamais rien, ils doivent le découvrir par eux-mêmes.

1. La médiation judiciaire au service des familles à Dinant

Veronika décide de mourir – **Paulo Coelho**

Depuis le 1er avril 2012, le tribunal de la famille de Dinant, avec l'accord du bâtonnier du barreau Dinant, s'est lancé dans le défi d'adapter la pratique de Cochem (appelée le modèle de consensus parental) à notre procédure judiciaire. La pratique de Cochem se définit comme étant une coopération entre tous les intervenants professionnels pour amener les parents en conflit à trouver une solution amiable qui répond aux besoins de leurs enfants. L'idée est de mettre un terme au conflit parental en responsabilisant les parents et en les centrant sur l'intérêt de leur(s) enfant(s). Une commission interdisciplinaire a été mise sur pied fin décembre 2012 pour construire des ponts entre les différents intervenants de l'arrondissement pour qu'ils puissent tenir le même discours aux parents. Elle se compose des magistrats du tribunal de la famille, des magistrats du Parquet, de juristes, de criminologues, de psychologues experts, du S.P.J., du S.A.J., de représentants de la Maison de justice, de membres du barreau, de médiateurs agréés, des centres de planning familial… Elle se réunit mensuellement[1].

[1] Pour une information exhaustive du modèle de consensus parental, voir MARIQUE Bee, « Le modèle de consensus parental de Dinant »

Pour aider les justiciables à introduire leurs demandes, des modèles de requêtes simplifiées, qui se présentent sous la forme d'un formulaire à cocher, ont été créés. Les avocats ont été invités à les utiliser aussi. Le but de ces requêtes est de ne laisser aucune place pour le dénigrement afin d'éviter l'escalade du conflit. Pour ce même motif, il est demandé aux avocats de limiter les écrits au strict minimum et de ne pas dresser des conclusions en réponse à la requête introductive pour la première audience durant laquelle les débats sont essentiellement centrés sur les modalités d'hébergement des enfants et sur l'autorité parentale. L'oralité des débats est valorisée, sachant que les écrits restent et incitent à la surenchère. Ces requêtes permettent aux parties de demander une médiation dans les mesures avant dire droit.

Le modèle de consensus parental présente notamment l'avantage de promouvoir la médiation tant en amont qu'en aval de la procédure et le juge utilise cet outil de manière presque systématique, soit si les parents n'ont pas pu parvenir à trouver un accord malgré l'aide de leurs conseils et les propositions faites à l'audience, soit si les parties ne se parlent plus. Ce développement de la médiation depuis 2012 a suscité de très nombreuses vocations de médiateurs parmi les avocats. Grâce à cette formation spécialisée, ceux-ci ont pu améliorer la qualité de leur travail avec leur client en les aidant à se centrer sur l'intérêt et le bien-être de leurs enfants.

2. La création du tribunal de la famille : une belle avancée pour les modes alternatifs de résolution des conflits

La loi du 30 juillet 2013 portant création d'un tribunal de la famille et de la jeunesse favorise et encourage les modes alternatifs de résolution des conflits et, en particulier, la conciliation et la médiation familiale.

L'article 1253ter/1 du Code judiciaire précise que *« dans toutes les causes relevant du tribunal de la famille, dès qu'une demande est introduite, le greffier informe les parties de la possibilité de médiation, de conciliation et de tout autre mode de résolution des conflits leur envoyant immédiatement le texte des articles 1700 à 1737 accompagné d'une brochure d'information concernant la médiation rédigée par le ministre qui a la Justice dans ses attributions, la liste des médiateurs agréés spécialisés en matière familiale établis dans l'arrondissement judiciaire, ainsi que les renseignements concernant les séances d'information, permanences et autres initiatives organisées dans l'arrondissement judiciaire afin de promouvoir la résolution du conflit »*.

Par ailleurs, l'article 731 du même Code prévoit également en son alinéa 2 : *« En matière familiale, le tribunal de la famille doit, à l'audience d'introduction, informer celles-ci de la possibilité de résoudre leur litige par le biais de la conciliation, de la médiation ou de tout autre mode de résolutions des conflits... »*

La nouvelle loi institue dès lors une « double » communication sur les modes alternatifs : par le greffier et par le tribunal. Il faut souligner que cette information obligatoire par le tribunal en début d'audience vient amputer le temps déjà fort court que le tribunal peut consacrer à chaque dossier.

À Dinant, cette nouvelle loi n'a pas augmenté le nombre de médiations. Effectivement, certaines parties se sont dirigées vers les Chambres de règlement amiable.

3. La médiation familiale « obligatoire », un problème ?

La contrainte se cache déjà là où on ne l'attend pas et pas mal de couples en séparation se sentent déjà « obligés » de tenter une médiation en dehors de toute contrainte judiciaire. Il existe, dans certains milieux bourgeois ou aristocratiques, l'idéologie du « bon divorce », et des couples issus de ces milieux entrent régulièrement dans un processus de médiation sous la pression sociale. D'autres parents sont eux-mêmes des enfants du divorce et ont tellement souffert qu'ils ne peuvent imaginer une autre alternative que la médiation pour mettre fin à leur couple. On ne peut passer sous silence les pressions, voire les menaces du conjoint et/ou les pressions familiales des parents ou des enfants.

À chacune de leurs audiences, les juges du tribunal de la famille se retrouvent face à des parents incapables de communiquer entre eux. À Dinant, les parents, déjà informés tant par leurs avocats que par les documents reçus du greffe sur la médiation, savent que le juge risque de les interpeller pour vérifier s'ils sont d'accord d'entamer un processus de médiation, ne serait-ce que pour restaurer un dialogue serein et constructif entre eux. Si l'un ou l'autre ou les deux parents sont hésitants, le juge va fortement insister pour qu'ils fassent l'effort de tenter cette démarche pour leurs enfants, premières victimes de cette absence de communication. Comment les parents pourront-ils exercer conjointement leur autorité parentale et prendre ensemble les décisions importantes concernant la santé et l'éducation de leurs enfants s'ils ne parviennent pas à se parler ? Souvent, à l'audience, les parents acceptent de tenter cette médiation même si, au départ, ils ne voulaient plus parler à l'autre parent, encore souvent trop englués dans leurs conflits.

Certains considèrent que le caractère volontaire de la médiation est inconciliable avec cette « contrainte » du juge, son insistance pour forcer les résistances. Pourtant, les parties n'ont rien à perdre et tout à gagner. Chacun des parents est libre d'arrêter à tout moment la médiation en cours si bien que les parties se réapproprient leur liberté dès la première minute de la séance de médiation. Lors de la première séance, ils devront exposer leur propre demande. Même si les parents ne vont pas jusqu'au bout du processus ou ne parviennent pas à s'accorder, ils auront souvent pu exprimer leurs ressentis et leurs émotions et être entendus dans leur souffrance.

Les résultats obtenus en fonctionnant de cette manière sont très positifs dès lors qu'ils viennent homologuer un accord dans plus de 70 % de ceux-ci. Les parents sont transformés physiquement, détendus et soulagés, et expriment leur reconnaissance : « *Cette médiatrice a une baguette magique !* ». Ce sont parfois les parents les plus réticents au départ qui parviennent à retrouver non seulement un dialogue mais aussi une belle complicité. La réussite de la médiation dans certaines situations est parfois proche du miracle. Il se produit des déclics, des prises de conscience soudaines et des retournements de situations incroyables.

Conclusion

Dans la résolution 2079 (2015) adoptée à l'unanimité le 2 octobre 2015 par l'Assemblée parlementaire du Conseil de l'Europe, l'Assemblée appelle les États membres au point 5.9 *« à encourager et, le cas échéant, développer la médiation dans le cadre des procédures judiciaires en matière familiale impliquant des enfants, notamment en instituant une séance d'information obligatoire ordonnée par un juge, en veillant à ce que les médiateurs reçoivent une formation appropriée et* ***en favorisant une coopération pluridisciplinaire inspirée du modèle de Cochem*** *».*

Le tribunal de la famille de Namur-division Dinant a anticipé le souhait du Conseil de l'Europe en développant de manière importante la médiation dans les procédures judiciaires grâce à la collaboration pluridisciplinaire mise en place depuis 2012.

Il existe actuellement dans les valises du ministre de la Justice un avant-projet de loi en vue de promouvoir la médiation qui prévoit que le juge saisi d'un litige peut d'office ou à la demande des parties ou de l'une des parties, tant que la cause n'a pas été prise en délibéré, leur **ordonner d'essayer de résoudre de préférence leur litige par une médiation ou imposer une séance d'information sur la médiation.**

Donner au juge le pouvoir d'imposer une médiation aux parties ne modifiera pas fondamentalement la dynamique actuelle des juges au tribunal de la famille mais permettra de vaincre plus facilement la résistance des parents due à des peurs et des craintes souvent injustifiées et d'augmenter le nombre d'enfants « gagnants ».

Danièle Ganancia, *ancienne vice-présidente au tribunal de grande instance de Paris, médiatrice familiale*

La matière familiale, terreau fertile pour la médiation obligatoire ?

À l'évidence OUI, pourrais-je dire à la lumière de ma triple expérience : d'ancienne juge aux affaires familiales d'abord, puis de référente pour la médiation au tribunal de grande instance de Paris pour l'ensemble de la juridiction et enfin, actuellement, de médiatrice familiale.

Auparavant, il faut balayer le terme « médiation obligatoire », qui vient nourrir de faux débats :

Il y a en effet une antinomie à ce que la médiation, qui est par essence un espace de liberté, puisse être imposée. En revanche, une tentative de médiation, elle, peut être rendue obligatoire. Et c'est ce qu'a mis en place la loi du 18 novembre 2016 (dite loi de modernisation de la justice du XXIe siècle) dans 11 tribunaux pilotes, pour poursuivre l'expérimentation déjà entreprise pendant trois ans dans les tribunaux d'Arras et Bordeaux, ce qui montre qu'elle a été suffisamment concluante…

Imposer une rencontre de médiation aux personnes en conflit, avant toute saisine du juge aux affaires familiales, c'est leur donner la chance d'explorer avec le médiateur l'opportunité et les bénéfices de la médiation dans leur situation.

C'est, non pas les contraindre à poursuivre la médiation, ce qui est impensable, mais leur rendre cette liberté de s'engager ou non dans le processus de façon éclairée et en toute connaissance de cause, au lieu de l'accepter pour de mauvaises raisons (« pour faire plaisir au juge »…) ou de la refuser pour des raisons plus mauvaises encore (la crainte de la rencontre avec l'autre, ou celle d'apparaître à « l'adversaire » en position de faiblesse, juridique ou psychologique…).

Il sera montré que la rencontre, même obligatoire, dans le climat apaisé créé par le médiateur, permet aux parties de vérifier que la médiation est possible et bénéfique, et donc de s'y engager librement et volontairement.

Essayer la médiation, c'est l'adopter !… C'est ce qui m'amène à penser et écrire depuis 20 ans que la tentative de médiation en matière familiale devrait être obligatoire.

Et ce, pour deux bonnes raisons :

- 1) La médiation familiale est la voie privilégiée pour pacifier durablement les conflits familiaux, et à ce titre, elle est un enjeu d'ordre public ;
- 2) Rendre obligatoire la tentative de médiation est la seule solution, actuellement, pour que la médiation familiale, qui depuis 20 ans ne « décolle » toujours pas assez, devienne ce mode prioritaire de règlement des conflits.

La médiation familiale, enjeu d'ordre public

À l'origine d'un conflit familial, il y a la plupart du temps une séparation, une perte, d'abord d'une relation entre deux êtres, qui se décline ensuite en d'autres risques de pertes : les enfants, le logement, les biens, les finances, voire un emploi, tant tous ces aspects affectifs et matériels sont étroitement liés. C'est souvent un effondrement de la personne, « une petite mort » comme le vivent certains.

Le cœur de ces conflits, c'est la souffrance, qui se transforme souvent en violence, parfois en besoin de vengeance. La racine du conflit réside d'abord dans la relation de deux êtres dont l'amour a basculé dans l'incompréhension, les malentendus, les frustrations puis les blessures réciproques, les ressentiments et parfois la vindicte. Et cela, principalement pour n'avoir pas pu, ou su communiquer à temps… Le premier réflexe est de saisir la justice pour avoir une réparation de ses souffrances. Or, elle les aggrave !… Le combat judiciaire entraîne à une spirale infernale d'accusations, de blessures et de volonté de revanche, dont tout le monde sort meurtri, et principalement les enfants, instrumentalisés par les parents, pris en otages de leurs duels, écartelés dans des conflits de loyauté dont souvent ils ne peuvent se sortir qu'en choisissant un camp et en rejetant un parent. Il y a dans ces situations un risque permanent de rupture des relations d'un enfant avec l'un de ses parents.

Les coûts humains, psychologiques et sociaux, de ces conflits familiaux sont colossaux, inchiffrables en termes de santé publique (troubles psychologiques, dépressions, maladies, échec scolaire, perte d'emploi, etc.). Sans compter les coûts judiciaires de ces contentieux à répétition, car on ressaisit inlassablement le juge qui ne vous a pas entendu, faute de temps (18 min en moyenne par audience pour régler le sort d'une famille dans tous ses aspects) et dont le jugement a souvent occasionné des frustrations pour les deux parties.

Au lieu de cela, la médiation familiale propose un processus de dialogue pour aller vers la paix. Elle traite le problème là où il se situe en profondeur, par un travail sur la relation, conduit avec l'art et les techniques d'un professionnel de la communication.

La médiation est avant tout un espace de parole, et on sait combien la parole est libératrice, c'est le meilleur rempart contre la violence. Chacun peut exprimer ses sentiments, ses ressentis et surtout ses émotions (qui ont si peu de place en justice…). Lorsque l'alchimie de la médiation fonctionne, chacun se sent pleinement écouté, entendu par l'autre, compris et reconnu dans ses souffrances, ses attentes et ses besoins. Il se construit, à la faveur de ce processus, une compréhension mutuelle, une

« re-connaissance » de l'autre dans sa différence, qui amène un changement de regard sur l'autre, et à une transformation de la relation.

La paix ne peut advenir que lorsque chacun s'est senti écouté et reconnu par l'autre dans ce qu'il vit, en présence de ce tiers neutre mais bienveillant qu'est le médiateur, allié des deux pour un travail commun. C'est dans cette altérité retrouvée que les personnes vont puiser la capacité de trouver ensemble des solutions concrètes et mutuellement satisfaisantes pour réorganiser leur vie familiale. Et préserver l'équilibre des enfants, en construisant des relations de parents basées sur le dialogue et la coopération, dans la confiance et le respect mutuels indispensables.

À la clé, un apaisement durable pour chacun des membres de la famille, qui permet la reconstruction de chacun dans la dignité, car la paix est plus libératrice que le conflit… Et qui surtout garantit la préservation des relations familiales, et le maintien des liens de l'enfant à ses deux parents.

La médiation, quand elle fonctionne, ce qui suppose de la part de chacun un minimum d'esprit d'ouverture à l'autre, apparaît la voie la plus appropriée et la plus efficace pour ramener la paix familiale, et ainsi préserver le tissu familial. C'est pourquoi elle est une mesure d'utilité publique qui mérite que tous les moyens soient mis en œuvre pour lui donner la place privilégiée qu'elle mérite dans le règlement des conflits familiaux.

LA TENTATIVE OBLIGATOIRE DE MÉDIATION EST LA VOIE INDISPENSABLE POUR DÉVELOPPER LA MÉDIATION FAMILIALE

Depuis des années, les pouvoirs publics se sont ingéniés à favoriser la médiation familiale, à qui a été donné un statut spécial, précisément à cause de ses enjeux d'intérêt public.

Pourtant, 13 ans après la loi de 2002 sur l'autorité parentale qui donnait au JAF le pouvoir d'enjoindre les parties à une séance d'information sur la médiation familiale, celle-ci n'a toujours pas « décollé », puisqu'elle n'est utilisée que dans 1,2 % du contentieux familial.

Les freins à la médiation proviennent de tous les acteurs de la scène familiale :

- Les parties d'abord, qui croient en la « magie » du juge qui va nécessairement leur donner raison contre l'autre ;
- Leurs conseils, qui n'ont pas jusque-là manifesté un enthousiasme excessif pour la médiation, vécue comme une concurrente de leur intervention. Fort heureusement, les barreaux évoluent ces dernières années, en comprenant que l'intérêt de l'avocat est d'avoir un client satisfait et heureux d'avoir trouvé des solutions apaisées et rapides. Conseiller un mode alternatif de résolution des différends devient peu à peu une plus-value pour l'avocat qui a d'autres pistes que le combat judiciaire à proposer aux clients ;
- Les magistrats, excepté ceux qui dans les tribunaux ont su s'investir dans la médiation au prix de résistances importantes, tant des collègues que de leur hiérarchie, n'ont pas majoritairement adhéré à cet état d'esprit si éloigné de (ce qu'ils estiment être) leur rôle premier de trancher le litige qui leur est soumis. L'obstacle majeur est en fait pour eux l'obligation de gérer des flux sous la pression des statistiques, que la médiation ne permet pas de satisfaire puisqu'elle les oblige à renvoyer les affaires durant le temps de médiations ;

- Les médiateurs familiaux eux-mêmes, qui n'ont pas su à temps associer les avocats au processus de médiation, alors même que les avocats sont des partenaires indispensables de la médiation. Par expérience, je constate que les séances avec les avocats créent une synergie très porteuse entre médiateurs et avocats ;
- Les pouvoirs publics eux-mêmes qui, malgré une inflation législative récente sur les MARD et en particulier la médiation, n'ont pas su élaborer une politique judiciaire nationale d'incitation à la médiation, aucune circulaire d'application dans les juridictions, pas d'objectifs assignés aux magistrats en termes de performance qualitative et non plus seulement quantitative.

À titre d'exemple sur l'engagement mitigé des pouvoirs publics : le décret du 11 mars 2015 (articles 56 et 58 du CPC) qui oblige le demandeur à une instance en justice de justifier des diligences entreprises en vue de parvenir à une résolution amiable du litige : Ce texte est resté quasiment lettre morte dans les juridictions, et n'est pas respecté, ni par les avocats, ni par la majorité des juges.

Pour la simple raison qu'il n'est pas assorti de la sanction de l'irrecevabilité de la demande…

Toutes les tentatives prétoriennes de magistrats particulièrement investis dans le développement de la médiation dans divers tribunaux, telles que Double convocation, permanences de médiateurs, etc., ont donné de maigres résultats quantitatifs en termes de nombres de recours à la médiation. J'en témoigne en ma qualité de référente pour la médiation pour l'ensemble du tribunal de grande instance de Paris : Dans 75 % des cas, les deux parties n'étaient pas présentes ensemble à la réunion d'information à la médiation préalable à l'audience, à laquelle le juge les avait convoquées, rendant impossible une décision commune d'aller en médiation. Et cela, uniquement parce que cette rencontre des deux parties avec le médiateur n'est pas obligatoire dans les textes…

En revanche, lorsque les parties se présentent ensemble à cette réunion, elles décident librement dans 75 % des cas d'entreprendre une médiation, ce qui démontre amplement la nécessité d'imposer une rencontre de médiation, et de rendre donc obligatoire une tentative de médiation, en tout cas en matière familiale.

Le législateur, avec le décret du 11 mars 2015 ci-dessus exposé, aurait pu préfigurer l'aube d'une révolution culturelle dans notre système judiciaire : l'obligation, avant d'intenter une procédure, de tenter de négocier au préalable, comme dans les systèmes judiciaires anglo-saxons. L'obligation en somme de « *dé-battre avant de se battre* ».

Fort heureusement, c'est bien cette révolution culturelle qui est recherchée aujourd'hui, à juste titre, en matière familiale, par la loi J21 sur l'obligation de tenter une médiation familiale avant de saisir le JAF, et ce, sous peine d'irrecevabilité, qui garantira cette obligation.

Il est démontré par l'expérimentation déjà entreprise pendant 3 ans par les TGI d'Arras et de Bordeaux que cette tentative obligatoire de médiation ne freine pas les personnes dans leur liberté ou non de s'engager dans la médiation. Les statistiques montrent en effet que :

- En médiation conventionnelle (entreprise spontanément), le taux d'accords est de 43 % ;
- En médiation issue d'une tentative obligatoire de médiation, le taux d'accords est de 45 % ;
- En médiation judiciaire, il est seulement de 25 %.

Ceci montre bien que le simple désir de « faire plaisir au juge » n'est pas opérant pour la réussite de la médiation, mais seule est déterminante cette rencontre des deux parties avec le médiateur qui leur permet d'explorer l'intérêt de la médiation dans leur situation particulière. Ce que garantit le caractère obligatoire de cette rencontre de médiation, qui ouvre ensuite la possibilité de s'engager en toute liberté dans le processus.

En conclusion, l'expérimentation de la TMPO (Tentative de médiation familiale obligatoire) me semble bien mal nommée et devrait être à mon sens requalifiée en TOMF (Tentative obligatoire de médiation familiale) pour bien signifier (à ses détracteurs actuels) que seule la tentative de dialoguer et de négocier doit être préalable à une instance judiciaire.

Il me paraît souhaitable qu'elle puisse être étendue à l'ensemble des tribunaux, d'une part, et non limitée aux contentieux d'autorité parentale ayant déjà donné lieu à un jugement (comme dans J21), mais étendue à tous les contentieux familiaux, et notamment aux procédures de divorce.

Dans cette matière familiale où, avant de se poser en termes juridiques, les conflits sont d'abord d'ordre affectif, émotionnel, relationnel, il existe un véritable besoin, et donc un véritable *devoir de dialogue* entre les protagonistes, pour que puisse revenir la paix familiale.

CINQUIÈME TABLE RONDE

La médiation, un préalable incontournable pour prévenir et résoudre les conflits des entreprises ?

Myriam Bacqué, *médiatrice, formatrice en médiation, présidente d'AROME MÉDIATION – Association Région Ouest de Médiation – et associée gérante de la MAISON DE LA COMMUNICATION.*

Merci à tous de consentir à vous enfermer un samedi matin ensoleillé de juillet pour débattre, ensemble, sur la place de la médiation au service des entreprises et des organisations, en 2017.

Nous allons, avec les intervenants que j'ai l'honneur et le plaisir de vous présenter dès maintenant, tenter de répondre à la question qui nous est posée ce matin :

« La médiation est-elle un préalable incontournable pour prévenir et résoudre les conflits des entreprises ? »

Dans l'ordre du programme, Monsieur Joël MONNET, professeur des universités, doyen honoraire de la faculté de droit et des sciences sociales de Poitiers, ancien médiateur de la MAIF dont le siège social est à quelques kilomètres de La Rochelle, à Niort ;

Maître Bertrand DELCOURT, avocat au barreau de Paris, médiateur, délégué régional Île-de-France de la CNPM – Chambre nationale des praticiens de la médiation – et trésorier de GEMME-France, à qui j'ai le plaisir de rendre compte de l'équilibre financier de ces assises ;

Maître Michel TCHICAYA, avocat, médiateur certifié près de la CACI et directeur du CERFOPMAN, l'équivalent de l'IFOMENE à Abidjan, cofondateur du GIMME et du GAMME – les groupements ivoiriens et africains des magistrats pour la médiation que j'ai eu l'honneur d'initier à la médiation, en 2012, à Abidjan ;

Monsieur le président Claude DUFAUR, ancien directeur juridique de la branche Énergie France de la société ENGIE et vice-président du tribunal de commerce de Bobigny, qui nous fera partager son expérience de la médiation au service des entreprises, à un double titre, en tant que responsable d'entreprise et en tant que juge consulaire ;

Et enfin, Monsieur Geoffray BRUNAUX, maître de conférences à l'Université Reims Champagne-Ardenne et membre de la Commission d'évaluation et de contrôle de la médiation de la consommation. C'est à ce titre que les chefs d'entreprises, présents aujourd'hui, sont intéressés d'entendre ses explications sur la nouvelle législation relative à la médiation en matière de consommation, obligatoire pour toutes les sociétés qui entretiennent des relations avec les consommateurs que nous sommes.

Je remercie, officiellement, le GEMME et, tout particulièrement, mon amie Madame Béatrice BRENNEUR et, avec elle, tout le Conseil d'administration de GEMME, pour la confiance dont vous nous avez honorés pour porter l'organisation locale de ces VIIes assises internationales de la médiation, avec l'Université de La Rochelle, partenaire de qualité et caution scientifique de poids pour la réussite de nos travaux.

Ces assises voient également le jour grâce à nos nombreux soutiens techniques et financiers. Je remercie donc tous nos « sponsors » ainsi que les membres d'AROME Médiation – association Région Ouest de Médiation que j'ai la joie de présider. Chacun a facilité l'accueil et la bonne marche de ces assises, sans hésiter à soutenir financièrement cette manifestation.

Vous le savez, le monde de l'économie est un espace particulièrement favorable au développement de la médiation. Cette réalité existe en raison des atouts intrinsèques de ce processus amiable de prévention et de résolution des conflits qui répond, en tout point, aux besoins des organisations.

Premier besoin : le respect de la confidentialité des affaires ; il est toujours préférable, pour une organisation, quelles que soient sa taille et sa notoriété, de trouver un accord avec ses parties prenantes, en interne ou en externe, afin de préserver sa réputation en évitant de défrayer la chronique judiciaire, ce qui est toujours préjudiciable à son image.

Deuxième besoin, la prévention et la maîtrise du risque contentieux qu'induit toute médiation, grâce à un triple contrôle :

- du coût des procédures qui, contrairement à une idée reçue, n'est jamais gratuit, quand il devient nécessaire d'additionner les frais induits par le procès,
- la maîtrise des délais pour obtenir une solution exécutable rapidement ; la médiation a l'avantage d'aller vite par rapport à la justice,
- la maîtrise de la solution, enfin, par les responsables d'entreprises eux-mêmes qui sont les mieux placés pour savoir ce qu'il est opportun de consentir pour le devenir de leur organisation. Être soi-même en capacité de créer du droit négocié, de façon collaborative et en se tournant résolument vers le futur émergeant, grâce au travail du médiateur, apporte une satisfaction inégalée aux responsables d'entreprises.

Pour éclairer mon propos en faveur de la médiation au service des entreprises, je vous livre quelques chiffres clés intéressants à connaître, issus d'études européennes :

- Le coût des conflits en entreprises s'élève, en France, à 50 milliards par an ;
- Une PME française économise environ 7 500 euros grâce à la médiation par rapport aux dépenses qu'elle doit engager lors d'une procédure judiciaire ;
- 43 jours en moyenne sont nécessaires pour parvenir à un accord de médiation par rapport à 556 jours par la voie judiciaire.

Quant à la typologie des conflits qui touchent couramment les entreprises et qui sont résolus efficacement en médiation, nous pouvons citer quelques exemples :

- Difficultés d'exécution des contrats commerciaux entre clients et fournisseurs, rupture commerciale dite abusive, concurrence déloyale, baux commerciaux ;
- Conflits sociaux, qu'ils soient collectifs ou individuels, harcèlement moral ;
- Cession d'entreprises, garantie de passif, fusion-acquisition ;
- Conflits entre associés, notamment dans les entreprises familiales ;
- Indivision, copropriétés, liquidation d'entreprise patrimoniale ;
- Propriété intellectuelle (marques, brevets, droits d'auteur), etc.

Tous les secteurs économiques sont donc concernés par la médiation et par son potentiel pour rétablir une saine communication entre les parties prenantes et pérenniser des relations commerciales pourtant malmenées.

Avant de laisser la parole à nos intervenants, je voudrais également saluer l'existence de quelques textes récents favorables au développement de la médiation au service des entreprises et des organisations :

- La loi MACRON qui a autorisé la validité des clauses de médiation dans les contrats de travail, ce qui était auparavant uniquement légal pour les salariés transfrontaliers ;
- Le décret du 11 mars 2015 qui a introduit le nouvel article 56 qui impose aux justiciables de justifier d'une tentative de règlement amiable avant d'assigner ; oserais-je dire que, faute de sanction, ce nouvel article n'a pas répondu à nos espérances ;

- La loi RELC – règlement extrajudiciaire des litiges de la consommation qui impose aux entreprises, aux commerçants, artisans et professions libérales de désigner un médiateur pour toutes réclamations non résolues en interne avec leurs clients consommateurs. Même si ce dernier texte prévoit l'intervention d'un médiateur clairement avisé puisqu'il doit proposer une solution, il n'en demeure pas moins vrai que l'esprit de médiation se diffuse dans notre société.

Enfin, je conclurai en soulignant que la médiation commerciale connaît un taux de réussite plus élevé que dans les autres matières où elle s'exerce. Avec 80 % d'accords signés, grâce au travail effectué en médiation d'entreprises, c'est là la preuve que la médiation remplit un rôle indispensable au développement de la paix économique et sociale dans notre pays.

Joël Monnet, *professeur des universités, doyen honoraire de la faculté de droit et des sciences sociales de Poitiers, ancien médiateur de la MAIF (2002-2015).*

L'EXPÉRIENCE DE LA MÉDIATION DANS LE SECTEUR DE L'ASSURANCE

Société d'assurance mutuelle dont le siège social est à Niort – 79 – et particulièrement attachée à la qualité de la relation avec ses sociétaires, la MAIF (Mutuelle d'assurance des instituteurs de France) s'est dotée dès le début des années 1990 d'un service de médiation qui a fonctionné jusqu'à la fin de l'année 2015, jusqu'à la mise en place, pour l'ensemble du secteur de l'assurance, de l'association de la médiation de l'assurance.

En proposant très tôt à ses sociétaires une offre spécifique de médiation, la MAIF s'est inscrite dans un mouvement qui a concerné le secteur de l'assurance en général mais selon des modalités différentes tenant notamment à la portée des décisions de médiation (obligatoires ou pas) et à l'existence d'un niveau de médiation au sein de l'entreprise ou seulement à l'échelle du Groupement professionnel (FFSA ou GEMA).

Deux raisons expliquent que les entreprises d'assurance aient eu recours assez tôt à la médiation.

La première tient naturellement à l'importance du contentieux dans une activité où la dimension juridique est forte et où les contestations peuvent porter sur des enjeux financiers d'importance très variée, les dossiers à faible enjeu ayant peu de chances de faire l'objet d'une action en justice.

La seconde tient au fait que l'activité de médiation trouve sa place très facilement dans le contentieux de l'assurance en permettant de formuler éventuellement, avec l'accord des deux parties, des offres d'indemnisation partielle, sans s'en tenir à la stricte application du contrat lorsqu'en fonction des circonstances, elle ne paraît pas justifiée.

Le médiateur était accompagné dans l'exercice de son activité par un collaborateur chargé notamment de la préparation des dossiers et par un personnel de secrétariat à qui revenait notamment le suivi de l'expédition des avis.

Les avis de médiation avaient une portée obligatoire pour la mutuelle mais pas pour les assurés qui pouvaient saisir en second lieu le médiateur du groupement des entreprises mutuelles d'assurance (GEMA) dont les décisions s'imposaient également à la mutuelle.

La MAIF s'était ainsi dotée d'une procédure de médiation très complète, intégrée, comme l'exigeait l'article L. 112-2 du Code des assurances, aux prestations des conditions générales des contrats, et qui pouvait être mise en œuvre par les assurés sans coût supplémentaire et sans engagement. Ainsi en dernier lieu, le médiateur du GEMA prenait toujours le soin de rappeler aux assurés auxquels il ne donnait pas satisfaction qu'il leur était possible de saisir la justice ; dans ce cas, l'assureur, en application du protocole de médiation, ne pouvait pas faire état des avis qui avaient été rendus en sa faveur par les médiateurs. De même, le médiateur de la MAIF indiquait toujours aux sociétaires qu'il leur était possible de s'en remettre au médiateur du GEMA.

L'activité de médiation auprès de la MAIF s'exerçait dans un cadre spécifique tenant à la fois à la manière dont le médiateur était saisi et à son domaine d'intervention.

Personnalité extérieure, la saisine du médiateur n'était soumise à aucun formalisme particulier, elle pouvait s'effectuer aussi bien par courrier que par message électronique, voire, même par appel téléphonique, le médiateur pouvait être saisi par la mutuelle elle-même.

Les seules limites à la saisine du médiateur tenaient d'une part à l'exigence d'épuisement des voies de recours auprès des services et d'autre part au respect du délai de prescription de 2 ans que prévoit l'article L. 114-1 du Code des assurances pour exercer une action dérivant d'un contrat d'assurance.

Le médiateur n'était compétent que pour connaître des litiges entre les sociétaires et la mutuelle ou entre les assurés et les sociétés du groupe MAIF, il n'était pas compétent pour répondre aux sollicitations des tiers.

Une fois saisi, le médiateur se faisait remettre toutes les pièces utiles à l'instruction du dossier et sollicitait une note récapitulant tous les éléments du litige et faisant état de la position adoptée par les services.

Après étude du dossier, dans un délai d'un mois environ, le médiateur rendait un avis en droit, reposant sur une argumentation juridique, ou en équité en raison des éléments du dossier. Les décisions du médiateur lui étaient personnelles et il disposait d'une totale liberté d'appréciation.

Chaque année, un rapport de médiation était présenté au Conseil d'administration de la mutuelle et permettait, outre les données statistiques, d'illustrer les principaux points d'incompréhension rencontrés par les sociétaires et de suggérer des évolutions dans les pratiques tant de souscription des contrats que d'indemnisation des sinistres ou dans la rédaction des conditions générales des contrats.

Ainsi outre sa fonction habituelle destinée à favoriser l'évolution amiable d'une contestation, l'activité de médiation auprès de la MAIF s'inscrivait aussi dans une volonté d'amélioration des prestations fournies aux assurés.

En moyenne, une contestation sur quatre trouvait un écho favorable, le plus souvent partiel auprès du médiateur. Ce serait toutefois une erreur de limiter les résultats de la médiation à ce seul aspect, la formulation adéquate d'un avis défavorable pouvait aussi convaincre du bien-fondé de la réponse qui avait été faite et de l'attention qui avait été portée à la difficulté soulevée par l'assuré.

Confrontée lors des dernières années, comme pour l'ensemble du secteur de l'assurance, à une augmentation très significative du nombre des saisines, l'expérience a permis de formuler un certain nombre de lignes directrices de l'action du médiateur.

Travaillant généralement uniquement sur dossiers, ce n'était que de manière exceptionnelle qu'il pouvait retenir un élément de fait qui n'était pas reconnu par les deux parties, un médiateur n'est pas en mesure de deviner une réalité dès lors qu'elle est contestée. De même, il ne lui appartenait pas de se substituer aux experts et de contester leurs conclusions, quel que soit leur domaine d'intervention, matériel ou corporel.

Sur le plan du droit, il lui appartenait de conserver une véritable objectivité d'analyse, source de son indépendance, ce qui le conduisait notamment à aider à dégager la difficulté juridique pour laquelle il était saisi et à ne pas se substituer à l'assureur dans la recherche des arguments de droit ou de fait en sa faveur. En ce sens, il n'était pas possible à la mutuelle de faire valoir devant le médiateur un argument qui n'aurait pas été préalablement opposé au sociétaire dans le cadre de la gestion de son dossier.

L'expérience de la médiation auprès de la MAIF a cessé à la fin de l'année 2015 du fait de l'adhésion de la mutuelle, comme de l'ensemble des autres entreprises d'assurance, à l'Association de la médiation de l'assurance dans le cadre de la transposition de la directive européenne du 21 mai 2013 sur le règlement extrajudiciaire des litiges de consommation (ordonnance n° 2015-1033 du 20 août 2015 relative au règlement extrajudiciaire des litiges de consommation et décret 2015-1382 du 30 octobre 2015 relatif à la médiation des litiges de consommation).

Sans être la réplique du modèle mis en place par la MAIF, l'Association de la médiation de l'assurance procède aujourd'hui de la même volonté de limiter ponctuellement l'insatisfaction d'un assuré et d'aider au règlement amiable d'un différend tout en permettant l'amélioration des prestations fournies par les assureurs au profit de la collectivité des assurés.

Bertrand Delcourt, *avocat, médiateur, vice-président de la CNPM, membre du Conseil d'administration de GEMME-France*

EN QUOI LA MÉDIATION FAIT-ELLE PARTIE INTÉGRANTE DE VOTRE MÉTIER D'AVOCAT ?

Pour s'acquitter pleinement de son obligation de conseil, l'avocat se doit d'envisager la mise en œuvre d'une médiation dans tous les différends dont il est saisi et, si cette mise en œuvre lui paraît pertinente, de la proposer à son client. Il ne s'agit pas seulement de mentionner cette voie amiable pour mémoire, il convient de mettre en exergue, pour permettre à l'entreprise de les apprécier en toute connaissance de cause, les atouts que présenterait la médiation au cas d'espèce, ainsi que les limites auxquelles ce processus serait confronté.

Mais ce n'est pas tout. L'avocat rédacteur d'actes devrait réfléchir à l'opportunité de stipuler une clause de médiation dans tous les contrats dont la rédaction lui est confiée. L'engagement d'une procédure civile doit désormais, en vertu des articles 56 et 58 du Code de procédure civile, être nécessairement précédé de diligences destinées à rechercher une solution amiable, et la proposition de recourir à une médiation satisfait parfaitement à cette obligation récente. À tout moment de la procédure, par exemple, après le dépôt d'un rapport d'expertise ou le prononcé d'un jugement, en somme, lorsque chaque partie a pris la mesure de l'aléa judiciaire et des inconvénients liés à la poursuite de la procédure en termes de coûts, de délais et de rigidité et même, lorsqu'une première médiation a été tentée, mais n'a pu aboutir à la conclusion d'un accord, il revient à l'avocat d'examiner avec son mandant si cette solution ne devrait pas être considérée.

Si la décision est prise de retenir cette option, le rôle de l'avocat est alors de préparer son client pour qu'il s'engage en médiation dans les meilleures conditions possibles : choisir avec lui la ou les personne(s) les plus à même de représenter l'entreprise, car l'expérience montre que la pertinence de ce choix exerce une influence importante sur la réussite du processus, l'éclairer sur le choix du médiateur, qu'il convient d'arrêter avec l'autre partie, anticiper, comme dans un processus de négociation raisonnée, sur les intérêts que l'on entend privilégier et sur les besoins de l'autre partie que l'on est en mesure de discerner, imaginer les solutions de rechange dont on dispose, envisager les options susceptibles d'être discutées.

Lorsqu'une médiation est mise en œuvre, l'avocat contribue, par son implication, à un aboutissement favorable du processus. Certes, la médiation est avant tout l'affaire des parties, mais l'avocat peut aider l'entreprise à exprimer les données factuelles de façon efficace dans la phase de recherche d'un accord sur le désaccord, et il peut, de par son expérience, être force de proposition au moment où tous les participants au processus imaginent les options susceptibles de satisfaire les besoins qui ont été exprimés.

Au terme du processus, l'avocat retrouve son rôle de rédacteur d'actes, et pérennise l'accord intervenu en veillant à la conformité à l'ordre public des options retenues par les médiés, en vérifiant avec son client l'adéquation entre les dispositions de l'accord et la totalité des intérêts qui ont été identifiés au cours du processus, et en envisageant les garanties à stipuler dans l'accord ou les suites à y donner, par exemple, une demande d'homologation, pour en sécuriser l'exécution.

En somme, c'est la règle des quatre caps (CAP) à tenir :

- Dans son rôle de Conseil, l'Avocat Propose la médiation,
- Comme un Coach, l'Avocat Prépare l'entreprise,
- Étant Contributeur, l'Avocat Participe au processus,
- En qualité de Consultant, l'Avocat Pérennise l'accord.

EST-CE RENTABLE, POUR UN CABINET D'AVOCAT, DE DÉVELOPPER L'OFFRE DE MÉDIATION AUPRÈS DE SES CLIENTS ?

Les voies de la procédure sont de plus en plus impénétrables, les motifs de caducité se multiplient avec la nouvelle procédure d'appel, et les délais dans lesquels le prononcé d'une décision peut être attendu ne sont pas vraiment abrégés pour autant.

Au plan pratique, le suivi d'un dossier contentieux se traduit, tant pour l'avocat que pour son client, par un nombre important d'heures « investies », si l'on peut dire, dans des étapes successives et indispensables : rédaction d'une assignation, analyse des conclusions adverses, rédaction de conclusions en réplique, préparation de l'audience et d'un dossier à l'intention du tribunal, rédaction de conclusions d'appel ou d'intimé, etc. À chacune de ces étapes, qui sont parfois distantes de plusieurs mois les unes des autres, il faut s'imprégner à nouveau des détails factuels, techniques, juridiques et procéduraux d'un dossier. Il faut parfois initier un collaborateur nouveau aux arcanes du dossier, celui qui était précédemment en charge de cette affaire ayant quitté le cabinet, ou encore échanger avec des interlocuteurs nouveaux, les gestionnaires d'origine du dossier ayant eux-mêmes accédé à d'autres responsabilités, ce réexamen périodique étant une source de pertes de temps.

Le simple suivi administratif d'un dossier contentieux sur une longue période de temps, parfois plus de 10 ans, occasionne des prestations qui, de par leur caractère répétitif et récurrent, ne sont pas toujours facturables, ou sont perçues par le client comme n'apportant pas une réelle plus-value.

Au contraire, la résolution d'un conflit par la voie de la médiation a le mérite essentiel, tant pour le cabinet d'avocat que pour le client, de réduire considérablement le laps de temps durant lequel le dossier est actif. Économie de temps, économie des coûts afférents à des prestations à faible valeur ajoutée, gains au plan de l'organisation du cabinet, mais aussi rapidité accrue du recouvrement des factures émises, car la promptitude de la mise en paiement de ces factures est à la mesure de la satisfaction éprouvée par le client.

De façon significative, les remerciements les plus chaleureux qui m'aient été adressés en près de 30 ans d'exercice professionnel l'ont été au terme d'une médiation dont j'avais recommandé la mise en œuvre et qui a mis un terme définitif à un conflit récurrent avec un salarié, conflit qui avait occasionné la saisine à maintes reprises du juge des référés, l'introduction d'une instance au fond, et autant de dossiers en cause d'appel. L'accord intervenu en médiation a permis une solution durable, et a accru la confiance que ce client plaçait en notre cabinet, cela d'autant plus qu'il avait le sentiment que nous avions privilégié son intérêt, un terme définitif à tout conflit avec ce salarié, à l'intérêt de notre cabinet, qui aurait pu se satisfaire des honoraires induits par ces escarmouches procédurales incessantes.

Au-delà de cette notion de rentabilité, qui a une connotation productiviste assez péjorative pour un avocat soucieux de déontologie, l'attrait du développement de l'offre de médiation, pour un cabinet d'avocat, réside également dans la construction d'une relation durable et de qualité avec la Direction juridique ou la DRH de l'entreprise pour laquelle il intervient. Hormis quelques dossiers sensibles ou à forts enjeux, les occasions ne sont pas si fréquentes, dans l'activité contentieuse, de réunions de travail entre les avocats et leurs interlocuteurs au sein des entreprises : quelques échanges, de nombreux courriels, un rendez-vous parfois ne suffisent pas toujours à construire une relation étroite. La coopération qui s'instaure nécessairement entre les représentants de l'entreprise qui participent à une médiation et l'avocat qui les y prépare et les y accompagne est d'une tout autre qualité.

Qu'est-ce que la médiation a apporté à votre pratique professionnelle ?

L'apprentissage du Droit repose sur le travail de qualification : à telle situation de fait, à tel comportement, correspond telle règle applicable. L'apprentissage de la médiation enseigne que la situation de fait, et plus encore la perception respective que des parties en conflit ont d'une même situation de fait, importent plus que la règle. À bien y réfléchir, il est proprement inconcevable que le cursus de formation de l'avocat, qui dure tout de même sept ans et plus, n'intègre pas systématiquement un enseignement sur la psychologie de l'individu en conflit alors qu'une fois formé, ce professionnel va traiter du conflit entre les personnes dans tous les aspects de la vie économique et sociale…

Comme praticien du contentieux, on est formé à faire prévaloir un point de vue, et donc à écouter l'autre pour concevoir dans l'instant la réplique que l'on va lui apporter. Depuis que je pratique la médiation, tant comme avocat accompagnant mes mandants en médiation que comme médiateur, j'ai appris à écouter l'autre, non pas pour lui répondre, mais pour le comprendre. Et au stade de la recherche des solutions susceptibles de résoudre un conflit, la compréhension de l'autre ouvre le champ des possibles, on ne cherche pas à s'inscrire d'emblée dans un rapport de forces favorable, mais plutôt dans une logique de coopération.

EN DROIT DU TRAVAIL, POUR LES CONFLITS AVEC LES SALARIÉS, COMMENT FONCTIONNE, PLUS PRÉCISÉMENT, LA MÉDIATION, ET AVEC QUELS RÉSULTATS ?

En ce qui concerne les conflits avec les salariés, et comme avocat, je regrette que la médiation soit notoirement sous employée dans un cadre conventionnel, alors qu'il s'agit d'un outil particulièrement adapté à la problématique de la souffrance au travail, d'un moyen, pour l'employeur, de s'acquitter de son obligation de résultat.

Le document unique d'évaluation des risques gagnerait à intégrer la médiation comme outil de prévention des risques psychosociaux et, le cas échéant, comme modalité de réparation des conséquences de ces risques, lorsqu'ils surviennent.

Le recours à la médiation, lorsqu'un salarié s'estime victime de harcèlement moral, prévu par l'article L 1152-6 du Code du travail, constitue d'ailleurs une des rares hypothèses où ce processus est expressément envisagé par le législateur, mais il est rarement mis en œuvre. L'expérience montre qu'il existe deux réticences fréquemment exprimées au développement de la médiation, qu'il convient de surmonter.

En premier lieu, le souci de ne pas désavouer le management intermédiaire, l'engagement d'un processus de médiation étant perçu, à tort, comme une remise en cause de la pertinence de son action. En deuxième lieu, la crainte d'instaurer un précédent, une pratique à la mise en œuvre de laquelle il serait demandé systématiquement de recourir, en vertu du principe d'égalité de traitement.

Comme médiateur, je constate une réticence manifeste des conseils de prud'hommes à s'approprier la médiation, en dépit du décret du 20 mai 2016 qui prévoit expressément qu'elle puisse être ordonnée à tout moment de la procédure. Cela est probablement dû à l'attachement de cette juridiction au paritarisme et au préalable de conciliation, mais il faut faire évoluer les mentalités car le très faible taux de conciliation, à ma connaissance de l'ordre de 5 à 6 %, montre que la médiation a toute sa place devant le conseil de prud'hommes.

C'est finalement devant les Cours d'appel que la médiation s'est développée avec le plus de succès, et les parties regrettent souvent que, par la force des choses, cette possibilité de construire par elles-mêmes un accord mutuellement satisfaisant ne leur soit donnée que si tardivement, oubliant un peu vite qu'elles avaient la faculté d'initier ce processus par elles-mêmes mais qu'elles s'en sont abstenues.

Au pôle social de la Cour d'appel de Paris, qui compte approximativement 30 000 affaires en attente d'être jugées, une pratique exemplaire de la médiation a été développée. À chacune des trois audiences hebdomadaires des dix Chambres concernées par le dispositif, un médiateur de permanence, issu d'un groupe d'une trentaine de médiateurs expérimentés, est présent et dispense une information sur les avantages de la médiation et les conditions de sa mise en œuvre aux avocats et aux parties, lorsqu'elles sont présentes, sur demande de leur part ou sur recommandation de la cour. Cette recommandation peut être faite lors de l'appel des causes, mais aussi après les plaidoiries, s'il est apparu au magistrat présidant l'audience que le dossier s'y prêtait particulièrement, de par sa nature. En 2016, ce sont près de 400 médiations qui ont été ordonnées dans le cadre de ce dispositif, et il est intervenu un accord dans deux cas sur trois. Aux dires de madame le premier président de la Cour d'appel de Paris, cette activité correspond à un poste de magistrat. Mais la marge de progression est considérable si l'on retient que ce volume de dossiers, auxquels il a été mis un terme par un accord conclu en médiation, correspond à un taux de l'ordre de 3 % du contentieux traité en une année.

Michel Tchicaya, *avocat-médiateur diplômé, médiateur certifié près la Cour d'arbitrage de Côte d'Ivoire (CACI), directeur du Centre de recherche et de formation professionnelle à la médiation, l'arbitrage et la négociation (CERFOPMAN) de l'Université catholique d'Afrique de l'Ouest – Unité universitaire d'Abidjan (UCAO-UUA) et cofondateur du GIMME (Groupement ivoirien des magistrats pour la médiation)*

La médiation d'entreprise en Côte d'Ivoire

Mesdames et Messieurs, tous ici pris en vos divers grades, rangs et qualités, je vous présente à tous mes salutations et saisis cette occasion pour remercier le GEMME pour l'honneur qui m'est fait en m'invitant à prendre part aux présentes assises et, particulièrement, à la table ronde de ce jour.

Il s'agit pour moi, brièvement, de vous partager mon expérience sur la médiation d'entreprise en Côte d'Ivoire.

Sans avoir à repartir sur une définition de la médiation, il est important d'indiquer que, contrairement à la France et d'autres pays où la médiation d'entreprise s'est développée, en Côte d'Ivoire, nous sommes à nos premiers pas, bien que la médiation en tant que MARL y ait été introduite officiellement en 1997 par l'État ivoirien sous l'impulsion des opérateurs économiques ivoiriens réunis au sein de la Chambre de commerce et d'industrie de Côte d'Ivoire par la création de la Cour d'arbitrage de Côte d'Ivoire (CACI) qui est un centre de règlement amiable des litiges.

En médiation d'entreprise, la France, par exemple, a :

- légiféré sur la loi Macron sur la médiation prud'homale et la validité des clauses de médiation dans les contrats de travail,
- pris au niveau de l'article 56 du Code de procédure civile, des dispositions pour aboutir à la transposition de la directive européenne sur la médiation de la consommation.

En France et en Europe, la médiation d'entreprise très utilisée est celle qui connaît le taux d'accord les plus importants.

Ceci étant, l'expérience que je vais vous partager ce matin sur la médiation d'entreprise en Côte d'Ivoire porte sur les petites et moyennes entreprises (parce que, jusque-là, ce sont les plus nombreuses à avoir recouru à la médiation pour régler leurs différends) et se divise en deux parties.

PHASE I : L'ÈRE CACI (COUR D'ARBITRAGE DE CÔTE D'IVOIRE)

Elle part de l'introduction officielle de la médiation comme MARL en Côte d'Ivoire par la création, le 12 août 1997, de la CACI comme centre de règlement amiable des litiges.

De 1997 au 20 juin 2014 (date à laquelle a été adoptée, par l'Assemblée nationale de Côte d'Ivoire et promulguée par le président de la République de Côte d'Ivoire, la loi n° 2014-389 du 20 juin 2014, relative à la médiation judiciaire et conventionnelle), la médiation était moins utilisée que l'arbitrage au niveau des MARL. C'est une période où il y a eu peu de médiations mais beaucoup de formations par la CACI pour pouvoir constituer une liste de médiateurs agréés en son sein et qui devaient être choisis par les parties qui recouraient à la médiation. C'est une période où, comme tous les autres médiateurs inscrits et formés à la CACI, nous avons fait avec les moyens de bord pour le règlement des litiges, et ce, jusqu'en 2011/2012 où nous avions été les premiers médiateurs certifiés à la CACI avec Myriam BACQUÉ et Bintou BOLI DJIBO comme formateurs.

À partir de cette certification de médiateurs, et ayant constaté le peu d'engouement des entreprises à recourir à la médiation, la CACI, s'appuyant sur un de ses organes, le CAMCE (Comité des arbitres médiateurs conciliateurs et experts), va tenter une politique de sensibilisation tous azimuts des opérateurs économiques de Côte d'Ivoire. Cette action n'a donné que peu de résultats. À la tête d'un groupe de trois médiateurs, nous avons, à notre niveau, fait une politique de « porte-à-porte » pour convaincre les opérateurs économiques à recourir à la médiation pour le règlement de leurs différends. Et au lieu de recourir à une médiation institutionnelle, ces opérateurs économiques qui avaient appris à nous connaître nous désignaient pour régler de manière ad hoc leurs différends.

La situation est demeurée telle jusqu'à la loi sur la médiation en Côte d'Ivoire.

PHASE II : L'AVÈNEMENT DE LA LOI N° 2014-389 DU 20 JUIN 2014 RELATIVE À LA MÉDIATION JUDICIAIRE ET CONVENTIONNELLE EN CÔTE D'IVOIRE

Ce qu'il faut relever, c'est que contrairement aux autres pays qui avaient des lois spécifiques sur les formes et les catégories de médiation, la loi ivoirienne est générale et présente la médiation sous ses deux formes que sont la médiation judiciaire et la médiation conventionnelle. C'est dans la pratique que les litiges sont classés selon leurs catégories qui sont soit commerciales, pénales, administratives familiales, etc.

La médiation d'entreprise appartient ou fait partie de la médiation commerciale. C'est la CACI en tant qu'unique centre de médiation pour l'heure qui est habilitée à vous parler plus en détail du développement de la médiation d'entreprise. Ce que je peux dire à partir d'un constat, c'est que la médiation d'entreprise n'a pas connu un grand essor avec l'avènement de la loi ivoirienne sur la médiation. Les statistiques que nous avons pu recueillir, sous réserve de confirmation par les voies autorisées, indiquent qu'en 2015, soit un an après l'adoption de la loi de juin 2014, seuls 12 dossiers de médiation ont été ouverts à la CACI. En 2016, ce sont 16 dossiers qui ont été reçus. Nous n'avons pas le point de 2017, l'année n'étant pas arrivée à son terme.

Ces résultats ne représentent pas grand-chose comparativement à ceux de certains centres de médiation d'Afrique de l'Ouest tels que celui du Burkina Faso, qui est né une décennie après la CACI et qui, à ce jour, frôle les 300 dossiers en médiation.

Il faut, en Côte d'Ivoire, une véritable politique de promotion des MARL, particulièrement de la médiation. L'État, qui n'a pas encore pris de décret d'application de la loi sur la médiation, et la Chambre de commerce doivent engager, aux côtés des centres de médiation ou de formation, des actions pour mieux sensibiliser et encourager les opérateurs économiques à recourir à la médiation. Un espoir est permis pour atteindre cet objectif pour la simple raison qu'un acte uniforme sur la médiation et l'arbitrage est en préparation pour s'appliquer dans tous les États membres de l'OHADA.

J'ai indiqué dans la phase I de cette communication que je suis sollicité pour des médiations ad hoc. C'est une voie qui devrait être encouragée par les formateurs et les médiateurs parce qu'elle va dans le sens d'une vulgarisation/sensibilisation. Elle permet en effet de conduire les entreprises vers le recours à la médiation pour le règlement de leurs litiges.

Une règle tout de même : la promotion de la médiation par toutes les structures qui sont engagées devra pour atteindre ses objectifs, tenir compte d'un certain nombre de spécificités telles que les interlocuteurs, les parties, les enjeux, la notion d'urgence et les approches très différentes de la médiation en fonction des entreprises.

Claude Dufaur, *ancien directeur juridique de la branche Énergie France de la société ENGIE, vice-président du tribunal de commerce de Bobigny*

MÉDIATION, UN PRÉALABLE INCONTOURNABLE POUR PRÉVENIR ET RÉSOUDRE LES CONFLITS DES ENTREPRISES

I) Les entreprises voient dans la médiation conventionnelle trois avantages principaux :

- La confidentialité ;
- La rapidité permettant de régler à moindre coût un litige en évitant, le cas échéant, une jurisprudence qui ne serait pas favorable ;
- La maîtrise de l'entièreté de la procédure de médiation.

ENGIE utilise la médiation pour résoudre, par exemple, des conflits entre associés ou actionnaires mais, principalement, pour la résolution des conflits commerciaux.

Présentation d'un exemple de médiation conventionnelle réussie (tout en respectant la confidentialité de l'affaire) :

Il s'agit d'un litige entre ENGIE et une entreprise concernant l'organisation et la gestion du recouvrement amiable de créances civiles. Ce contrat, qui a été reconduit à plusieurs reprises, a pris fin au mois de septembre 2011. L'entreprise avait mis en demeure ENGIE et lui demandait des dommages et intérêts en dédommagement du préjudice résultant d'une rupture brutale des relations commerciales. ENGIE contestait cette réclamation soulignant qu'un préavis suffisant avait été respecté excluant toute « brutalité » dans la fin des relations contractuelles. À la suite de cette mise en demeure, un accord a ensuite été conclu en 2013.

Cependant, cette entreprise a été déclarée en état de cessation des paiements et le tribunal de commerce de PARIS a ouvert une procédure de redressement judiciaire, converti ensuite en liquidation judiciaire. Le tribunal ayant fixé la date de cessation des paiements en octobre 2012, il en est résulté que la transaction de 2013 s'est trouvée en période suspecte.

De fait, une assignation du mandataire de l'entreprise demandait des dommages et intérêts en réparation du préjudice subi à raison d'un préavis insuffisant, en réparation du préjudice résultant de l'ouverture de la procédure collective, du coût des licenciements auxquels il avait été procédé par l'entreprise, et au profit du dirigeant des dommages et intérêts au titre des différents engagements notamment de caution qu'il avait souscrite.

Le rôle des juristes dans la médiation est important :

- En amont, évaluer si une médiation est une voie de règlement du litige selon l'appréciation des risques, puis convaincre les opérationnels des atouts d'une telle médiation ;
- En cours de médiation, accompagner et conseiller les opérationnels notamment concernant l'appréciation du montant de la transaction et lors des échanges en réunion de médiation, présenter/ défendre le point de vue juridique en appui des avocats. Il est important que le juriste dépasse le seul point de vue de l'analyse strictement juridique pour ne pas être un frein dans la recherche de solution.

Le rôle du médiateur est bien évidemment primordial :

Il doit développer des qualités de neutralité, avoir un bon sens, de la psychologie pour amener les parties à prendre du recul, comprendre la position des parties, les amener à s'exprimer sereinement afin de parvenir à un accord, ne pas orienter mais accompagner chaque partie à faire un pas vers l'autre dans la négociation du quantum.

Cette médiation a duré trois mois et a nécessité deux réunions plénières avec, à chacune, un entretien séparé au milieu de la plénière. Étaient présents en médiation : pour ENGIE, au moins un opérationnel décisionnaire (avec un pouvoir décisionnaire) ; deux juristes (le responsable et le juriste en charge du dossier) ; les avocats.

Enfin, il est important, pour que la médiation fonctionne, qu'à la première réunion plénière, chacune des parties exprime son ressenti (voire ressentiment) et entende la position de l'autre partie (sans pour autant reconnaître les faits ou une quelconque responsabilité).

II) Pour les tribunaux de commerce, la médiation fait partie d'un des modes amiables de règlement des différends, souvent peu utilisés au profit de la conciliation.

À tout moment de la procédure, il est de la mission du juge, au vu des caractéristiques et des circonstances de l'affaire, de savoir détecter et, après accord des parties, prescrire une tentative de mode amiable.

Certaines typologies de litiges sont susceptibles d'une conciliation ou d'une médiation.

Au tribunal de commerce de Bobigny, les litiges entre associés, entre associés et dirigeants, les ruptures brutales de contrat, les recouvrements de créances de nature commerciale, les litiges entre un établissement financier et une caution, les litiges d'importance faible, les oppositions à injonctions de payer sont souvent traités dans le cadre d'une solution amiable.

Il existe deux modes de règlement amiable qui constituent une parenthèse dans le procès : la conciliation ou la médiation.

La Conférence générale des juges consulaires de France rappelle que le choix entre conciliation et médiation incombe aux parties que le juge peut être amené à éclairer certains critères à prendre en compte : un différend où l'enjeu est faible et/ou limité relève, a priori, de la conciliation au regard de la gratuité de celle-ci ; pour les autres types de différends, la parenthèse « conciliation » est assurée dans le cadre du service public (auxiliaire de justice/gratuité/réunions au tribunal), alors que la parenthèse « médiation » relève de la sphère privée, rémunérée par les parties. Sont traitées par la médiation les affaires aux enjeux significatifs, plus complexes, aux aspects psychologiques importants.

Devant les tribunaux de commerce, la conciliation peut être confiée soit à des conciliateurs de justice (chaque Cour d'appel tient une liste des conciliateurs de justice de son ressort), soit à des juges conciliateurs (avoir au moins 3 ans d'ancienneté au tribunal en tant que juge du contentieux et avoir préalablement été formés aux techniques de la conciliation/médiation).

Le juge conciliateur a été créé par la Conférence générale des juges consulaires de France en 2014 et correspondait à une prise en compte des modes alternatifs des différends au sein des tribunaux de commerce.

Au tribunal de commerce de Bobigny, deux juges conciliateurs peuvent aujourd'hui, à côté de conciliateurs de justice, se voir confier des dossiers de conciliation.

Depuis 2015, le tribunal de commerce de Bobigny traite chaque année une soixantaine d'affaires en conciliation, soit 3 % du total des affaires contentieuses (fond + référé).

En 2016, une seule affaire a fait l'objet d'une médiation.

Le peu d'appétence pour la médiation peut s'expliquer par son absence de gratuité et sur le fait que seules des affaires de très grande importance financière sont concernées par ce mode de résolution des conflits. En plus, l'origine du litige très complexe nécessite pour le médiateur de faire ressortir la solution par les parties elles-mêmes, ce qui est une difficulté supplémentaire.

Geoffray Brunaux, *maître de conférences, faculté de droit et de science politique de Reims*

La médiation de la consommation

Un nouveau mode de règlement des différends à s'approprier

Destinée à « assurer un accès à des moyens simples, efficaces, rapides et peu onéreux de résoudre les litiges nationaux et transfrontaliers résultant de la vente de marchandises ou de la prestation de services »[1], la médiation de la consommation est une opportunité tant pour les consommateurs que pour les professionnels. En facilitant et en accélérant la résolution des différends résultant de l'exécution d'un contrat de consommation[2], même si les montants du litige sont faibles, elle améliore la relation professionnel/consommateur[3].

Certains points de régime démontrent que la médiation de la consommation est un outil de protection du consommateur. En témoignent notamment sa gratuité[4] ou son ouverture à la seule initiative des consommateurs[5]. Quoique son utilisation reste facultative, sa mise en place est obligatoire pour les professionnels. Ces derniers conservent néanmoins une certaine liberté quant au type

---

[1] Dir. 2013/11/UE du Parlement européen et du Conseil du 21 mai 2013 relative au règlement extrajudiciaire des litiges de consommation et modifiant le règlement (CE) n° 2006/2004 et la directive 2009/22/CE (directive relative au RELC), JOUE n° L 165 du 18 juin 2013, cons. 4.

[2] C. consom., art. L611-1. Sur ce point, le droit français est plus restrictif que la directive précitée, qui vise quant à elle « les litiges de nature contractuelle » : dir. 2013/11/UE précis., art. 4, e et f.

[3] M. Astruc, « Apport de la médiation », *RLDA* 2015/105, n° 5638, p. 74.

[4] C. consom., art. L612-1, al. 1er.

[5] C. consom., art. L611-3, 5°.

de médiation[1] et à l'identité du médiateur choisi (1), à la condition qu'il ait été référencé comme médiateur de la consommation (2).

1. Par son article L612-1, le Code de la consommation impose au professionnel de mettre en place un dispositif de médiation de la consommation[2]. Il en assure d'ailleurs la promotion, puisqu'il est tenu d'une obligation d'information consistant à fournir au consommateur les coordonnées du médiateur dont il relève[3].

Obligé, quant à l'existence de ce dispositif de médiation, le professionnel reste libre quant aux modalités de sa mise en œuvre. En effet, il peut d'abord mettre en place sa propre médiation interne, dite médiation d'entreprise. Il peut aussi recourir à des médiations externes. La première est la médiation sectorielle, s'il existe un médiateur de la consommation dont la compétence s'étend à l'ensemble des entreprises d'un domaine d'activité économique. Une fédération ou une association peut également avoir mis en place son propre dispositif de médiation, au profit de ses membres. Enfin, il est possible de recourir à des médiateurs indépendants, dont les compétences sont souvent généralistes.

Le choix du professionnel est essentiellement guidé par des raisons économiques, consistant à trouver un équilibre

---

[1] S. Bernheim-Desvaux, « La transposition de la directive 2013/11/UE du 21 mai 2013 relative au Règlement extrajudiciaire des litiges de consommation (RELC) par l'ordonnance n° 2015-1033 du 20 août 2015 », *Contrats, conc. consom.* 2015, étude 11, n° 12.

[2] C. consom., art. L612-1, al. 1er.

[3] C. consom., art. L616-1, al. 1er. Sur les modalités de la fourniture des informations, c. consom, art. R616-1 et R616-2. L'article L641-1 du même Code sanctionne tout manquement à cette obligation d'une amende administrative dont le montant ne peut excéder 3 000 euros pour une personne physique et 15 000 euros pour une personne morale.

entre le nombre de litiges susceptibles de faire l'objet d'une médiation de consommation et le coût de mise en place du dispositif. Mais cette liberté de choix connaît deux limites. D'une part, si un médiateur public a été désigné par une autorité publique pour couvrir certains secteurs, comme le Médiateur national de l'énergie[1], aucune autre médiation n'est envisageable, sauf dérogation conventionnelle entre les médiateurs concernés[2]. D'autre part, le médiateur doit figurer sur la liste des médiateurs de la consommation, ce qui implique d'avoir suivi avec succès la procédure de référencement.

2. La Commission d'évaluation et de contrôle de la médiation de consommation (CECMC) a pour missions d'établir et de mettre à jour la liste des médiateurs de la consommation, de notifier cette liste à la Commission européenne, et d'évaluer et de contrôler l'activité des médiateurs référencés[3]. Pour cela, une procédure est mise en place afin que les médiateurs intéressés constituent un dossier démontrant qu'ils remplissent les exigences légales et réglementaires requises.

Ainsi, tout médiateur de la consommation doit réunir plusieurs qualités[4] : de compétence dans le domaine de la médiation et du droit de la consommation, par exemple par, le suivi de formations adaptées ; d'indépendance, en justifiant de l'absence de lien entre sa rémunération et le résultat de la médiation, et de l'existence d'un budget dédié ; de transparence, par la fourniture aux consommateurs de nombreuses informations sur le déroulement

---

[1] http://www.energie-mediateur.fr
[2] C. consom., art. L612-5.
[3] C. consom., art. L615-1.
[4] C. consom., art. L613-1 et s.

de la procédure ; d'impartialité, pour éviter les conflits d'intérêts[1].

En raison de son caractère interne, la médiation d'entreprise appelle des conditions supplémentaires[2], l'accent étant mis sur l'absence de lien hiérarchique ou fonctionnel entre le médiateur et le professionnel. L'indépendance matérielle du médiateur d'entreprise, par exemple, par l'existence d'une adresse postale propre, est donc essentielle, ce, afin de s'assurer que le professionnel ne puisse pas interférer dans la procédure de médiation.

En vue de faciliter la procédure de référencement, nouvelle dans le paysage juridique national, la CECMC met à la disposition des médiateurs des documents récapitulant les pièces à fournir et leur lien avec les qualités légalement requises, selon qu'ils relèvent des médiateurs d'entreprises, des médiateurs adossés à une fédération ou à une association, ou des médiateurs indépendants. Un modèle de convention type, à signer entre le médiateur et le professionnel, est également proposé à titre indicatif[3]. Toute nouvelle convention conclue par un médiateur avec un professionnel et tout départ ou arrivée d'un nouveau médiateur quand le médiateur de la consommation est une personne morale doivent être notifiés à la CECMC, pour vérifier que les conditions requises pour le référencement sont toujours réunies.

Il résulte de ces quelques propos que la médiation de la consommation bouleverse les habitudes en matière de médiation. En raison de son caractère consumériste, la mise en place d'un tel dispositif de médiation suppose, tant pour le professionnel que pour le médiateur, de se

---

[1] Sur ces qualités, S. Bernheim-Desvaux, *op. cit.*, n° 17.

[2] C. consom., art. L613-2.

[3] https://www.economie.gouv.fr/mediation-conso/commission/deposez-dossier-mediateur-consommation

soumettre à un régime juridique rigoureux. C'est pourquoi le processus de référencement peut perturber. Cependant, il ne poursuit pas la seule protection du consommateur. Il s'agit également de s'assurer que le médiateur puisse remplir sa mission en toute sécurité et sérénité.

RAPPORT DE SYNTHÈSE

Natalie Fricero, *professeure à l'Université Côte d'Azur, directrice de l'Institut d'études judiciaires*

Ce rapport de synthèse débutera par des remerciements adressés aux organisateurs des septièmes Assises internationales de la médiation judiciaire qui ont su si bien accueillir à La Rochelle tous ceux qui se passionnent pour la médiation, magistrats, avocats, universitaires, praticiens et usagers de la médiation.

Les travaux de ces deux journées ont été particulièrement riches, et la synthèse traduira les grands enjeux de la médiation pour les prochaines années. La médiation, mode consensuel de résolution des différends, est un processus structuré par lequel un tiers, indépendant et impartial, dépourvu de pouvoir décisionnel, aide les parties à créer ou à recréer du lien social et à trouver un accord. Toutes les lois récentes contribuent à son développement et à l'émergence d'une nouvelle culture judiciaire. Les travaux de ce colloque ont d'abord démontré que la médiation correspond à un mode universel de résolution des différends. Puis, les intervenants se sont interrogés sur la modernisation de la médiation à travers les outils numériques au service de la médiation et de la formation des médiateurs. Enfin, la question du caractère obligatoire de la médiation a été posée, particulièrement en matière judiciaire et dans le contentieux familial.

I. La médiation universelle

Comme l'a suggéré **Béatrice BRENNEUR**, il faut passer de la culture parents/enfants à la culture d'une relation entre adultes, ce qui n'est pas simple !

Élodie MULON nous a dit que la médiation est le « végan » de la justice étatique.

Le voyage autour du monde de la médiation, animé par **Jacques FAGET**, a permis de confronter la liberté initiale de la médiation et son encadrement, particulièrement lorsqu'elle est rendue obligatoire. La justice amiable constitue un objectif à atteindre partout dans le monde.

En France, **Caroline ASFAR-CAZENAVE** a démontré l'inéluctable évolution des modes amiables avec l'instauration d'un vrai droit commun des MARD dans le Code civil et le Code de procédure civile, et dans toutes les branches du droit privé, public et pénal. L'idée de médiation se répand, même si les différents médiateurs sont très diversifiés dans leurs rôles et leurs statuts.

Au Burkina Faso, **Bintou BOLI** a montré que la médiation fait partie de la culture en Afrique francophone, et qu'elle s'est surtout développée à l'initiative de l'OHADA. Les lois récentes encadrent les accords et l'homologation par le juge ou le notaire.

Joanna KALOWSKI révèle qu'en Australie, la médiation est bien connue dans tous les domaines. La médiation est obligatoire avant de saisir le juge grâce à l'engagement très fort du gouvernement. Écoute, reconnaissance et rétablissements des liens sociaux sont des valeurs universellement partagées.

Xiao Lin FU-BOURGNE nous a emmenés en Chine qui vit sous la culture de l'harmonie, la voie du milieu propice à la médiation. Les bureaux de médiation s'installent à l'entrée du tribunal juste avant le greffe. La loi peut rendre la médiation obligatoire et le juge va, à tout moment, procéder à la médiation (il doit même le faire, selon l'avis de la Cour de cassation). Un bon juge a un bon quota de médiations !

Suzanne HANDMAN a précisé qu'au Canada, les 10 Provinces ont une législation spéciale. La médiation y est parfois obligatoire, parfois facultative. Au Québec, les parties ont le choix de la médiation ou du procès, même pendant la procédure. La Conférence de règlement amiable (CRA) est décidée par le juge. En matière familiale, la séance d'information sur la médiation est obligatoire. En général, la médiation fonctionne très bien, il est vrai que la justice est lente. En Ontario, la tentative de médiation est obligatoire, mais non l'accord.

Natalia GAIDAENKO-SCHAER nous a conduits en Russie où la loi sur la médiation a été prise en 2011. La médiation est toujours volontaire et limitée en droit privé. Mais le Code de la Cour d'arbitrage étatique prévoit un règlement amiable préalable obligatoire (qui se traduit par la mention de vagues diligences dans l'assignation !) Les juges demandent à pouvoir obliger les parties à s'informer sur la médiation. Elle a terminé sur le risque d'étatisation de la médiation.

En conclusion, la médiation est en marche, elle se modernise et intègre les nouvelles technologies.

II. La médiation intelligente ou dématérialisée

Linda ARCELIN insiste sur la nécessité d'intégrer le numérique dans toutes les activités en France et dans l'Union européenne qui développe le e-commerce. La simplicité et la confiance sont les maîtres mots de la résolution en ligne des litiges.

Gabriele MECARELLI expose la médiation en ligne et le site Médicis qui fonctionne pour les litiges « de basse intensité », c'est-à-dire ayant un enjeu économique faible et un aspect affectif peu important. La plate-forme logicielle permet de diligenter le processus et d'établir les preuves sous l'égide d'un tiers de confiance qui donne son avis. La médiation en ligne est née hors du judiciaire sur Internet. En France, elle est née de la transposition de la directive de 2013. Les exemples se situent en droit de la consommation et pour le recouvrement des petites créances (qui est plutôt une négociation assistée par l'huissier de justice).

Anne-Sophie SCHUMACHER rappelle que les plates-formes doivent respecter les garanties, notamment sur les données personnelles. Elle fait état des difficultés de la médiation de la consommation et des faiblesses du processus.

Stéphane MALLARD expose le MOC, *massive on line course* et le e-learning pour les médiateurs d'entreprise. Il s'agit d'une pédagogie inversée, le présentiel est un complément. Le tout repose sur une formation-action, la transmission d'un savoir-être et d'un savoir-faire. Le e-learning très peu utilisé en France : on connaît la « gamification » (apprendre par le jeu) et le « integrate-learning » qui repose sur un robot humanoïde pour assurer le présentiel !

Karim BENYEKHLEF, dans sa présentation enregistrée, démontre que les procédures entièrement virtuelles prennent un nouveau tournant pour les litiges de haute intensité comme le divorce. L'utilisation des algorithmes et de l'intelligence artificielle conduit au droit computationnel. Les contentieux de masse (copropriété, petites créances) sont concernés par les outils d'autonomisation du justiciable (empowerment, self help). Ces outils permettent d'identifier le tribunal compétent, offrent une justice prédictive notamment en droit de la consommation (ils peuvent prédire l'issue du litige). On assiste à une automatisation des modes amiables avec des changements importants : d'abord, l'intégration des modes amiables par la justice classique ou dans les litiges de basse intensité présente des avantages en termes de coûts, d'accès à la solution et de temps adapté à la réalité du XXIe siècle ; ensuite, les avancées technologiques intègrent les modes amiables et l'on peut même parler de « conflits intelligents ».

En conclusion, on peut souhaiter que la médiation intelligente et dématérialisée conserve un peu d'humanité et respecte les droits essentiels des personnes ! Et il faut espérer rencontrer des « médiateurs moléculaires intelligents » !

III. La médiation obligatoire

Le caractère obligatoire de la médiation concerne trois domaines essentiels :

A. La médiation non familiale de droit commun

Michèle GUILLAUME-HOFNUNG a exposé la distinction entre médiation et conciliation et les confusions actuelles dues à ce qu'elle a nommé une « Dégénérescence terminologique liée à l'anomie » (DTLA) ! Elle rappelle qu'un Seuil minimum d'intelligibilité conceptuelle (SMIC) est nécessaire pour conclure que seule la conciliation peut être rendue obligatoire, même si le conciliateur utilise les méthodes de médiation. Elle explique que ce fut le cas dans l'histoire.

Jean-Édouard ROBIOU DU PONT considère que le conflit est un paradoxe, il lie les parties et les sépare en même temps. Il faut en sortir par un contre-paradoxe.

Donc, l'obligation est un moyen d'accroître l'efficacité (il donne l'exemple de la personne qui se suicide en se jetant dans un fleuve, puis remonte sur la rive parce que le policier la menace de lui tirer dessus !). Le caractère obligatoire pour lui de la médiation n'est pas incompatible avec le caractère volontaire : il donne un exemple concernant les comportements routiers, en insistant sur le fait que même si c'est obligatoire, je m'arrête volontairement au feu rouge ! Pour lui, le test de la médiation doit être obligatoire, comme c'est le cas pour la tentative de médiation familiale préalable obligatoire dans certains contentieux depuis la loi du 18 novembre 2016.

Nathalie PIGNON rappelle qu'il entre dans la mission du juge de concilier les parties, pas de « médier ». La médiation est mise en pratique dans le domaine familial en premier lieu. Si la tentative de médiation familiale préalable est obligatoire, les parties ne vont pas s'engager en médiation. Pour elle, il faut que le juge puisse contraindre les parties à tester la médiation et aménager le calendrier de la mise en état dans le Code de procédure civile pour faciliter ce circuit. En conclusion, elle considère que la médiation pose la question du rôle du juge : sa mission est-elle de dire le droit ou de rétablir la paix sociale ?

Gabriel MECARELLI rappelle qu'en Italie, les médiateurs sont formés et inscrits sur une liste (ils doivent justifier d'avoir fait plus de deux médiations et 50 heures de formation). La médiation est obligatoire ou déléguée par le juge ou rendue obligatoire par le contrat ou encore par la loi (dans 85 % des cas). Elle suppose la présence obligatoire d'un avocat avec un premier rendez-vous de médiation et son taux de succès est d'environ 57 %. La médiation est très encadrée et l'accord signé par les parties est un titre exécutoire sans homologation par le juge.

Avi SCHNEEBALG, avec son humour habituel, expose la récente loi sur la médiation qui, dit-il, « a abrogé l'interdiction de la castagne » et a développé la médiation. Il assure que « pour le même prix, un costume sur mesure vaut mieux que du prêt-à-porter » et présente les avantages d'un processus amiable.

Fabrice VERT, avec le même humour et la même passion pour les modes amiables, se réfère à la métaphore de l'âne, qui finit par boire à la bassine posée à côté de lui. Il développe la nécessité d'une politique publique des modes amiables et d'une définition précise de la formation à la médiation. Il rappelle que les pouvoirs devraient se fixer comme objectif de structurer la médiation (notamment par l'établissement de statistiques).

Il rappelle que la Cour européenne des droits de l'homme dans l'arrêt Momcilovic contre la Croatie a admis la conformité au procès équitable de l'obligation légale d'une médiation obligatoire préalable à toute demande en justice, prévue à peine d'irrecevabilité. Il rappelle aussi que la Cour de justice de l'Union européenne dans son arrêt du 14 juin 2017 (C75/16) a considéré que la médiation obligatoire préalable à toute saisine d'un juge est conforme à la directive de 2013 sur la médiation de la consommation.

En matière administrative, il existe une médiation préalable obligatoire dans certains contentieux, par exemple, s'agissant de la fonction publique territoriale, comme l'a fait observer un magistrat du tribunal administratif.

B. La tentative de médiation familiale préalable obligatoire

Catherine MARIE a rappelé que c'est le tribunal de grande instance de La Rochelle qui a, en quelque sorte, inventé la médiation familiale dans un jugement du 17 février 1988. Malheureusement, les résultats se sont fait attendre très longtemps !

Marie-France CARLIER expose la création du tribunal de la famille et de la jeunesse, et la Chambre des règlements amiables en Belgique. La tentative de médiation est obligatoire et l'absence des parties peut être sanctionnée par le tribunal qui juge le fond par la suite. Elle souligne que même à défaut d'accord, la médiation permet aux parents de se parler et les aide à surmonter leurs différends. Ceci explique que le juge puisse ordonner une médiation.

Danièle GANANCIA, notre égérie de la médiation familiale, a précisé que la matière familiale est sans conteste un terreau pour la médiation familiale obligatoire. Il n'y a pas d'autres solutions, pour imposer une porte d'entrée, qu'une tentative, une rencontre obligatoire. Les parties dialoguent et exploitent une solution. Dans 70 % des cas, la tentative débouche sur une médiation. Elle considère que c'est la méthode la plus humaine, la plus efficace, pour résoudre le conflit familial et préserver la relation familiale. Il s'agit d'une pédagogie des rapports sociaux. L'État est légitime à dé-judiciariser sous la contrainte même si les magistrats vivent un paradoxe, puisqu'ils veulent développer la médiation mais n'en ont pas les moyens.

Élodie MULON s'est lancée dans la défense des avocats et de la tentative de médiation familiale préalable obligatoire, en indiquant que la plus-value de l'avocat est dans le conseil et non dans le duel. La justice prédictive est intégrée dans les cabinets d'avocats. Les avocats accompagnent la médiation comme le révèle le Centre national des avocats médiateurs (CNAM, créé par le CNB). Elle milite pour la création d'une « convention de médiation assistée » qui peut aboutir à un accord et qui donne un cadre au travail commun du médiateur, de l'avocat et du client.

Odile CLÉMENT précise que le tribunal de grande instance de La Rochelle a mis en place la double convocation, devant un médiateur, puis devant le juge aux affaires familiales, pour aider les parents. La thérapie familiale permet aussi d'intégrer la parole de l'enfant.

C. La médiation dans les affaires

Myriam BACQUÉ nous indique toute l'importance de la médiation pour les entreprises. Les affaires ont besoin de confidentialité et doivent maîtriser le cours et le contenu de la solution (50 milliards d'euros d'économie sont envisageables grâce au recours à la médiation !). La médiation représente une économie considérable et son domaine s'étend au droit du travail.

Michel TCHICAYA a expliqué que la formation des médiateurs a favorisé le développement de la médiation en matière commerciale, notamment dans le cadre des baux commerciaux, pour régler la question épineuse du pas-de-porte. En Côte d'Ivoire, c'est essentiellement la loi de 2014 sur la médiation judiciaire et conventionnelle qui a permis le développement de la médiation.

Claude DUFAUR, vice-président du tribunal de commerce de Bobigny, précise les deux aspects de la médiation. D'abord, la médiation fait partie de la stratégie juridique des entreprises, ce qui explique la multiplication des clauses contractuelles de médiation. En cas de litige, il y a un débat interne à l'entreprise pour décider du choix du mode de résolution : médiation ou procès. Ce débat inclut les managers, les opérationnels et les juristes. Ensuite, il indique qu'il entre dans la mission du juge de concilier les parties conformément à l'article 21 du Code de procédure civile, et que les juges des tribunaux de commerce tentent eux-mêmes de concilier certaines affaires. Il expose à cet égard un exemple de rupture brutale de relations commerciales établies ayant entraîné un redressement judiciaire de l'entreprise et ayant donné lieu à une transaction.

Bertrand DELCOURT poursuit l'exemple et expose également la situation d'une transaction conclue avec cette entreprise, malheureusement pendant la période suspecte. Il note que la médiation suppose la confiance et la bonne foi de toutes les parties, mais que la procédure collective n'est pas un obstacle à la médiation, l'accord étant validé par le juge-commissaire. Il rappelle que pour l'avocat, la médiation fait partie de la mission de conseil et que s'engager en médiation n'est pas reconnaître que l'on a tort !

Joël MONNET expose la médiation institutionnelle de la MAIF. Le médiateur donne son avis sur la situation, avis qui s'impose à la mutuelle. Ce service est à destination des assurés et contribue à améliorer les prestations. Le médiateur de la MAIF est indépendant dans ses avis qu'il rend sur dossier (il n'y a pas de rencontre physique). Mais il faut au préalable épuiser les recours internes avant d'y recourir.

Geauffray BRUNAUX, membre de la commission d'évaluation et de contrôle de la médiation de la consommation, expose la médiation de la consommation dans le domaine de l'exécution du contrat. Le professionnel a une obligation, le consommateur a une faculté. Il existe plusieurs types de médiation, la médiation interne et les médiations externes. Seuls les médiateurs référencés peuvent exercer cette mission. Les professionnels établissent des conventions types soumises à la validation de la commission.

En conclusion générale, la médiation est donc universellement partagée, très moderne et parfois, obligatoire, tout en restant volontaire. Les travaux de ce colloque ont donc révélé que tous ensemble, nous pouvons dessiner l'avenir de la médiation, avec les pieds sur terre, la tête dans les étoiles !

TABLE DES MATIÈRES

Questions juridiques

aux éditions L'Harmattan

Dernières parutions

QU'EST-CE QUE LE DROIT ?
Théorie syncrétique et échelle de juridicité
Barraud Boris
La définition du droit ici est d'abord lexicographique et scientifique. La théorie syncrétique réunit toutes les définitions du droit en vigueur, loin d'être concurrentes elles s'associent. Ne s'opposant plus, elles se complètent. La seconde partie interroge les dimensions du droit en mesurant le niveau de force juridique par l'application des critères de juridicité. Cette nouvelle forme de rationalité de la pensée juridique permet au juriste de s'ouvrir à tout type de normes sociales tout en sauvegardant l'autonomie conceptuelle du droit.
(Coll. Le Droit aujourd'hui, 25.50 euros, 242 p.)
ISBN : 978-2-343-13423-9, ISBN EBOOK : 978-2-14-005340-5

LA RECHERCHE DE L'ÉQUILIBRE CONTRACTUEL DANS LE CAUTIONNEMENT
Regards croisés entre le droit français et le droit OHADA
Dibangue Guy - Préface de Pascal Rubellin
Le cautionnement est actuellement la sûreté qu'exigent de préférence les banques des emprunteurs. Si le législateur français semble surprotéger la caution par rapport au créancier, c'est l'inverse qui a été retenu par le législateur OHADA. Dans les deux cas, c'est le déséquilibre entre la protection raisonnable de la caution et la préservation des intérêts des créanciers. Suivant les récentes évolutions législatives en France et en droit OHADA, cette thèse vise l'équilibre contractuel du cautionnement dans une démarche de modernisation et de rationalisation de cette sûreté.
(Coll. Droit aujourd'hui, 42.00 euros, 456 p.)
ISBN : 978-2-343-13159-7, ISBN EBOOK : 978-2-14-005369-6

LE DROIT ANIMAL
Morales Frénoy Cathy
Plus qu'un droit protecteur, le droit animal réglemente les différentes utilisations de l'animal par l'Homme. Il est un corpus juridique transversal, issu du droit international, européen et national, qui régit les rapports entre l'homme et l'animal sans toujours offrir une protection juridique souvent souhaitée. Ce guide juridique offre à tout lecteur une étude complète de cette nouvelle discipline.
(Coll. Bibliothèques de droit, 45.00 euros, 470 p.)
ISBN : 978-2-343-12873-3, ISBN EBOOK : 978-2-14-005223-1

QUESTIONS D'ACTUALITÉ EN ÉTHIQUE ANIMALE
Pelé Marie, Sueur Cédric
L'éthique animale qui désigne l'étude de notre responsabilité morale à l'égard des animaux, n'est pas une prise de position mais un questionnement en perpétuelle évolution avec notre culture et notre temps. Cet ouvrage présente plusieurs éléments de réponses aux récentes questions posées par la société sur notre rapport aux animaux. Experts et étudiants abordent onze questions d'actualité en éthique animale. Leurs échanges sont retranscrits.
(Coll. Le Droit aujourd'hui, 24.00 euros, 236 p.)
ISBN : 978-2-343-13489-5, ISBN EBOOK : 978-2-14-005382-5

JE PARLE AUX ANIMAUX
Peter Friedman
Samantha Khury écoute les animaux et leur parle. Grâce à ce dialogue, elle parvient à comprendre leur comportement et à trouver les mots qui les guérissent. Non seulement Samantha Khury comprend le langage de nos fidèles compagnons, mais, en plus, ceux-ci lui confient leurs malheurs. Des propriétaires d'animaux domestiques, des gardiens de zoo et des entraîneurs de chevaux qui l'ont consultée en sont convaincus. Nous la voyons au travail, à l'écoute d'un chat dépressif, d'un perroquet déplumé en manque d'amour ou d'une jument qui a besoin de liberté... « Dans cette Théma Arte sur les rapports entre les hommes et les animaux, *Je parle aux animaux* est le plus intéressant. Sans doute parce qu'il pose la question de la communication avec nos compagnons à quatre pattes. Peter Friedman livre des séquences étonnantes. » (*TéléObs*). « Ce documentaire étonnant parvient à nous convaincre que la frontière entre les espèces est bien mince. Quand on dit que l'homme n'est qu'un animal ! » (*Le Figaro*)
(20 euros)
ISBN : 978-2-336-31591-1

TRAITÉ DE DROIT CONSTITUTIONNEL CONGOLAIS
Esambo Kangashe Jean-Louis
Préface de El hadj Mbodji - Postface de Dodzi Kokoroko
Dans sa conception, son évolution et sa pratique, le droit constitutionnel a toujours eu du mal à s'affranchir de crises politiques. Droit de crises ou de gestion de crise, le droit constitutionnel est avant tout au service des normes, dont le respect par tous contribue au fonctionnement régulier des institutions. Placés dans le contexte congolais, les trois versants du droit constitutionnel, à savoir le droit normatif, celui institutionnel et la branche consacrée aux libertés n'ont pas toujours été en cohérence avec le constitutionnalisme.
(Coll. Études africaines, 39.00 euros, 410 p.)
ISBN : 978-2-343-12352-3, ISBN EBOOK : 978-2-14-005341-2

SUR LE CHEMIN DES SAISIES
L'huissier de justice d'hier à demain
Berthé Ibrahim
Qu'est-ce qu'un huissier de justice ? D'où vient-il ? À quoi sert-il ? Cet ouvrage tente de répondre à ces interrogations et, à travers l'histoire, de peindre les

différentes facettes de ce personnage spécifique du rouage de l'appareil judiciaire dans le temps et dans l'espace, des rives de la Seine en France jusqu'au bord du fleuve Djoliba au Mali.
(25.00 euros, 270 p.)
ISBN : 978-2-343-13501-4, ISBN EBOOK : 978-2-14-005261-3

LES TECHNIQUES D'ENQUÊTE CRIMINELLE
Typologie des crimes et constatations médico-légales
Moutassi Jean-Pierre
L'adoption de la loi de Juillet 2005 portant sur la procédure pénale démontre la volonté du gouvernement camerounais à promouvoir un état de droit. Voici un outil fondamental pour les praticiens du droit criminel : un outil de formation pour les jeunes fonctionnaires, ainsi que pour leurs aînés qui n'auraient pas eu l'occasion de vivre l'expérience des enquêtes judiciaires.
(Harmattan Cameroun, 45.00 euros, 498 p.)
ISBN : 978-2-343-13126-9, ISBN EBOOK : 978-2-14-005224-8

LES CLÉS DES ENJEUX FINANCIERS DU DIVORCE
Rond Patrice - Préface de Laurent Hincker
L'amour s'est consumé, l'argent part en fumée ! À une époque où toujours plus de couples se séparent, la finance du divorce inquiète. Comprendre ses arcanes financières, c'est pouvoir anticiper en cas de conflit au sein du couple. Comment rétablir un budget ou encore évaluer une prestation compensatoire ? À l'aide d'exemples chiffrés, l'auteur indique comment recenser et évaluer les revenus et patrimoines, et présente des méthodologies pratiques pour établir les droits respectifs des époux. L'ouvrage rend compréhensibles les procédures financières qui ont lieu dans le divorce.
(17.00 euros, 156 p.)
ISBN : 978-2-343-11633-4, ISBN EBOOK : 978-2-14-004942-2

LUTTER EFFICACEMENT CONTRE LA FRAUDE
Enjeux stratégiques et opérationnels
Sous la direction de Catherine Véret Jost et Nicolas Dufour
Lutter efficacement contre la fraude pour recycler 50 à 100 milliards d'euros par an dans la croissance économique en France, voici l'enjeu de cet ouvrage qui explicite les leviers d'actions pour y parvenir, avec des retours d'expériences de professionnels et d'académiques. Il s'adresse à tous ceux qui ont la volonté de relever ce défi.
(Coll. Perspectives organisationnelles, 38.50 euros, 392 p.)
ISBN : 978-2-343-13167-2, ISBN EBOOK : 978-2-14-005143-2

L'ENFANT EN PRISON
Sous la direction de Catherine Ménabé et Mathieu Martinelle
Depuis 1946, les femmes détenues ont la possibilité de garder à leurs côtés, en prison, leur enfant jusqu'à ses 18 mois, voire 2 ans. Si la situation est peu étudiée, et souvent méconnue, elle mérite de profondes réflexions. Quelles sont les conditions de vie de ces jeunes enfants au sein du milieu pénitentiaire ? Comment

est assuré leur développement psychomoteur et affectif malgré les contraintes carcérales ? Comment l'univers carcéral s'adapte à la présence d'enfants, non écroués mais, de fait, privés de liberté ?
(Coll. Bibliothèques de droit, 27.00 euros, 274 p.)
ISBN : 978-2-343-13051-4, ISBN EBOOK : 978-2-14-005015-2

LES TRENTE ANS DE LA LOI LITTORAL
Sous la direction de Jean-Luc Pissaloux et Anne Rainaud
La loi Littoral a maintenant plus de trente ans. Loi d'avant-garde, elle vise à concilier la protection du littoral avec le développement économique. Souvent contestée comme trop protectrice, empêchant l'urbanisation, elle est aussi considérée comme un « laisser-construire » dans les zones saturées. Ses concepts sont difficiles à interpréter et appliquer. Les défis climatiques auxquels est confronté le littoral ont impliqué la participation de géographes. La protection des cordons littoraux s'avère aujourd'hui une nécessité.
(Coll. Grale, 39.00 euros, 418 p.)
ISBN : 978-2-343-13140-5, ISBN EBOOK : 978-2-14-004988-0

CICÉRON, PÈRE DE LA CODIFICATION DU DROIT CIVIL
Gilardeau Eric
Confronté à la crise subie par la République, Cicéron cherchait une réponse au chaos des lois et aux contradictions du droit civil. Il en élabora une véritable codification. Du «De oratore» au «De officiis», il critiqua la science du droit et la soumit à la loi naturelle, avant d'instituer une méthode de codification protectrice des droits civils, dont se rapprocheront les codes civils français et autrichien. Il faut attendre les réformes du Code civil allemand de 2001 et du Code civil français de 2016 pour rejoindre Cicéron sur le rôle de la bonne foi et de l'imprévision en matière contractuelle.
(Coll. Logiques Juridiques, 26.00 euros, 248 p.)
ISBN : 978-2-343-13327-0, ISBN EBOOK : 978-2-14-004994-1

DROIT DES SOCIÉTÉS COMMERCIALES OHADA
Akam Akam André, Voudwe Bakreo
Ce livre vise à exposer, expliquer, systématiser et critiquer les règles qui régissent la constitution, le fonctionnement et la disparition des sociétés commerciales. Il montre que le droit des sociétés commerciales OHADA vise la promotion, la protection et la société judiciaire des investissements, autant qu'il tend à protéger les intérêts particuliers. En outre, il met en exergue la richesse, la variété et la modernité du droit des sociétés de l'OHADA, ainsi que l'abondance et la qualité des travaux de recherche des auteurs africains et d'ailleurs qui s'intéressent au droit OHADA.
(Coll. Dynamiques du droit OHADA, 55.00 euros, 752 p.)
ISBN : 978-2-343-12819-1, ISBN EBOOK : 978-2-14-005077-0

Structures éditoriales du groupe L'Harmattan

L'Harmattan Italie
Via degli Artisti, 15
10124 Torino
harmattan.italia@gmail.com

L'Harmattan Hongrie
Kossuth l. u. 14-16.
1053 Budapest
harmattan@harmattan.hu

L'Harmattan Sénégal
10 VDN en face Mermoz
BP 45034 Dakar-Fann
senharmattan@gmail.com

L'Harmattan Cameroun
TSINGA/FECAFOOT
BP 11486 Yaoundé
inkoukam@gmail.com

L'Harmattan Burkina Faso
Achille Somé – tengnule@hotmail.fr

L'Harmattan Guinée
Almamya, rue KA 028 OKB Agency
BP 3470 Conakry
harmattanguinee@yahoo.fr

L'Harmattan RDC
185, avenue Nyangwe
Commune de Lingwala – Kinshasa
matangilamusadila@yahoo.fr

L'Harmattan Congo
67, boulevard Denis-Sassou-N'Guesso
BP 2874 Brazzaville
harmattan.congo@yahoo.fr

L'Harmattan Mali
Sirakoro-Meguetana V31
Bamako
syllaka@yahoo.fr

L'Harmattan Togo
Djidjole – Lomé
Maison Amela
face EPP BATOME
ddamela@aol.com

L'Harmattan Côte d'Ivoire
Résidence Karl – Cité des Arts
Abidjan-Cocody
03 BP 1588 Abidjan
espace_harmattan.ci@hotmail.fr

L'Harmattan Algérie
22, rue Moulay-Mohamed
31000 Oran
info2@harmattan-algerie.com

L'Harmattan Maroc
5, rue Ferrane-Kouicha, Talaâ-Elkbira
Chrableyine, Fès-Médine
30000 Fès
harmattan.maroc@gmail.com

Nos librairies en France

Librairie internationale
16, rue des Écoles – 75005 Paris
librairie.internationale@harmattan.fr
01 40 46 79 11
www.librairieharmattan.com

Lib. sciences humaines & histoire
21, rue des Écoles – 75005 paris
librairie.sh@harmattan.fr
01 46 34 13 71
www.librairieharmattansh.com

Librairie l'Espace Harmattan
21 bis, rue des Écoles – 75005 paris
librairie.espace@harmattan.fr
01 43 29 49 42

Lib. Méditerranée & Moyen-Orient
7, rue des Carmes – 75005 Paris
librairie.mediterranee@harmattan.fr
01 43 29 71 15

Librairie Le Lucernaire
53, rue Notre-Dame-des-Champs – 75006 Paris
librairie@lucernaire.fr
01 42 22 67 13

www.ingramcontent.com/pod-product-compliance
Lightning Source LLC
LaVergne TN
LVHW021217061026
849535LV00008B/2791
* 9 7 8 2 3 4 3 1 4 0 9 4 0 *